IMADRブックレット16

日本と沖縄
常識をこえて公正な社会を創るために

編集・発行　反差別国際運動（IMADR）

表紙：那覇一万人のエイサー踊り隊　裏表紙：首里城
撮影：Mikolaj Walczuk

はじめに

　日本と沖縄の意識・認識の断絶を克服し新しい関係をつくっていくためには、本土から沖縄を「イメージ」することについて、三つの難関を超える必要がある。その時にヒントになるのが、「ウチナーンチュ（沖縄人）」、「ヤマトンチュ（大和人）」という捉え方である。

　第一には、「イメージング」の基礎情報をどう取捨選択するかというときに働く「常識」の関門である。続いて「イメージ」する自分（ヤマトンチュ）の、自分（日本人）についての「イメージ」が、「イメージ」する相手とどんな関係であるかを「イメージ」するという第二の関門である。そして最後に、はじめて「イメージ」する相手の歴史地理的な「姿」と「かたち」をどうとらえるか、という第三の関門である。

　第一の関門「常識」についてみると、ヤマトの常識は小学校にはじまる「教育」によって作られ、メディアによって再生産されている。日本の「統一国家、国民の単一性」をもつとしながら、沖縄を本土の犠牲にする矛盾に満ちた「イメージ」をさらに拡大再生産しているのが、米国の占領、いわゆる米国軍事基地の支配である。

　こうして「常識」は、実は第二の関門と相通じている。日本国家が沖縄でやってきたことは、私たち「ヤマトンチュ」＝日本人の日本についての「アイデンティティ」である植民地主義を隠すために、本土では全部不可視化されている。

　ところで、この日本についての日本人が持つ常識の問題と、今度は第三の関門とのあいだにまた別の矛盾が出てくる。それは、沖縄の「アイデンティティ」と日本の「アイデンティティ」が、同じだといっても、また違うといっても、どちらも正しい「イメージング」ができないという矛盾である。

　「沖縄県」は日本国の一つの地方自治体であり、沖縄県民は日本人であ

る。日本国憲法は「ウチナーンチュ」の平和主義によって支えられている。このことを否定することは「沖縄差別」の肯定に利用される。しかし、「ウチナー」の歴史と文明は、本土とは明白に違う。「ウチナー」のそれは、中華秩序のなかでは礼を守る「守礼」のクニとして重視される文明国である。また、太平洋の先住民族のアニミズム文明でも、ハワイとともに、19世紀に植民地化された二つの先住民族王国のひとつである。日本列島のなかの琉球弧は、太平洋における中華秩序の文明拠点としても、冷戦時代以来「米国の湖水」としての太平洋の海洋核軍事基地としても、本土では忘れられている「ウチナー」の過去から将来にかけての大事な「アイデンティティ」がある。これを忘れたら、今後の太平洋における米中覇権競争も理解できない。また、地球規模の現代史のなかでは、太平洋の先住民族島嶼諸国が地球温暖化で深刻な生き残り問題に直面している今日、沖縄＝琉球固有の先住民族の自然に対して開かれたアニミズム文明の「アイデンティティ」も無視できない。その今後の開花には、太平洋先住民族アニミズム文明の一大拠点である「琉球王国」の「アイデンティティ」の可視化が不可欠である。

　そのような「イメージング」ができないと、沖縄の「イメージング」には、日本本土と沖縄を包む太平洋先住民族文明という広大な共感と連帯の可能性という文脈が全く見えなくなってしまう。その意味では、本書の提供する知識をもとにして、ヤマトンチュとウチナーンチュの連帯と協同を前提にした、日本列島、とくにその琉球弧の大事な役割を本土と沖縄が共有する太平洋文明圏という広い海洋「イメージング」が必要であろう。

反差別国際運動（IMADR）

副理事長　武者小路公秀

目 次

はじめに ……………………………………………………………………………… 3

琉球・沖縄の人民の自己決定権―脱植民地化の闘い ………… 上村　英明　7
ウチナーンチュの言葉・文化・歴史、世界の先住民族と共に … 当真　嗣清　17
島ぐるみ会議の挑戦―自治権拡大の国際的潮流の中で ……… 島袋　純　31
沖縄の声を届ける―世界に、日本に、一人ひとりに ………… 德森　りま　45
なぜ「県外移設」＝基地引き取りを主張するのか ……………… 高橋　哲哉　57

資料編
1. 先住民族の権利に関する国際連合宣言 …………………………………… 70
2. 人種差別撤廃委員会から日本政府に送られた総括所見
   ―琉球・沖縄関連抜粋 ……………………………………………………… 83
3. 国連人種差別に関するディエン特別報告者による日本公式訪問報告書
   ―琉球・沖縄関連抜粋 ……………………………………………………… 86
4. 国連人権理事会　サイドイベント報告
   沖縄におけるミリタライゼーションと人権侵害 ………………………… 91
5. 琉球・沖縄に関する「IMADR通信」掲載記事 ………………………… 93

もっと知りたい方のために ……………………………………………………… 121

あとがきにかえて ………………………………………………………………… 122

琉球・沖縄の人民の自己決定権
脱植民地化の闘い

上村英明（うえむらひであき）──恵泉女学園大学教授

1956年、熊本市生まれ。1981年、早稲田大学大学院経済学研究科修士課程修了。1982年、NGO「市民外交センター」を設立し、代表を務める。1987年以降、アイヌ民族の先住民族としての権利を支援し、国連人権機関を舞台に活動。1996年以降、琉球民族の代表の国連における活動を支援。2015年、翁長雄志沖縄県知事とともに、国連人権理事会に参加。専門は国際人権法、平和学。

表題の「琉球・沖縄の人民の自己決定権」に密接に関係しているのは、副題にある脱植民地化という問題です。これは国連の中心的な課題のひとつでもあります。

　琉球が、少なくとも1429年から1879年まで独立国として存在していたことをまず確認したいと思います。これは琉球人自身の最初の認識です。

　世界文化遺産である首里城は、国王の居住地であると同時に琉球政府が置かれた場所でもあります。また琉球という国家の基本的な性格は、中継貿易国であり、そのネットワークの中で栄えていた国家でした。日本、韓国、中国、東南アジア、例えば現在のタイ、インドネシア、そしてフィリピンにあった国家との間にも密接な貿易を基軸とした関係を持っていたことは歴史学が証明しており、また現在の文化の中に感じることができます。

日本から見た琉球

　さて、自己決定権の有無の根拠は歴史にあり、通常その検証から存在を判断していきます。しかし、一般的に日本政府は歴史的に遡ってきちんとものごとの本質を検証しないという傾向があり、外交上で重要な間違いを犯すことが少なくありません。まず、その日本からみた琉球を考えてみましょう。

　琉球国があった時代の後半、いわゆる近世では、日本は長らく鎖国政策、つまり国をロックする政策をとっていたわけですが、例外が四つの「国」に対してあり、二つの関係が設けられていました。

　ひとつは「通商の国」という概念で、日本ではお馴染みの中国とオランダです。この二つの国とは長崎に限定した上で一貫して貿易が続けられました。

　もうひとつは「通信の国」という概念です。英語でいうコミュニ

ケーション、つまりは使節を受け入れるという意味で、この関係にあった国が朝鮮と琉球です。この二つの国は日本に対して、正式な使節、朝鮮通信使・琉球使節（江戸上り）を重要な時に送っていました。

　この状況を江戸時代の日本の研究者がどう見ていたかというと、典型的な例があります。教科書にも出てくる林子平という学者が書いた有名な国防の本に、『三国通覧図説』というのがあります。1785年に刊行されました。林子平は、欧米列強に対して日本の安全保障のために緩衝地帯として必要とされる周辺国を3つ挙げて、この本でそれを解説しました。安全保障のために必要な周辺国とはどこかというと、朝鮮と蝦夷（いわゆるアイヌ民族のアイヌモシリ）、それから琉球です。それが当時の認識でした。つまり、琉球は日本の外部にあり、朝鮮と並ぶ国と日本自身によってもみられていたということです。

現在の首里城（正殿は1992年に復元）

中国から見た琉球

　それから3番目に中国の認識です。琉球は中国と朝貢関係をもっていました。名目上の支配権を中国が持っていたという意味では主従関係ですが、アジア的な安全保障体制であり、国際貿易体制であって、十分に互恵的な関係でした。しかし日本では間違った解釈をする人が少なくありません。中国で「属国」と表記するので、今でも中国が領土化しようとしていると悪意に語る人もいますが、朝貢体制の下での「属国」の実態は、基本的には主権や外交権が十分認められた防衛協定を結んだ友好国という意味でした。例えば、1874年のいわゆる「台湾出兵」(牡丹社事件)後の日本政府との交渉で、中国政府は琉球に内政外交の権利が存在することを確認していますし同じ朝貢国であった朝鮮も、1894年の「東学党の乱」(甲午農民戦争)では、朝鮮政府の自主的な依頼に従って派兵をしています。これは現在の安全保障条約下の米国と日本の関係にも似ていますし、さらに権利の点ではより独立性の高いものでした。いずれにしても、琉球は中国から見ても内政外交「自主権」を持つ朝鮮やベトナムと同じポジションの独立国で、その主権は十分に尊重されていました。

西洋からみた琉球

　4番目に西洋諸国が琉球をどう見ていたかを考えてみましょう。琉球には有名な英艦ライラ号のバジル・ホールなどの欧州人が訪れるようになり、19世紀の中頃には、3つの欧米諸国政府と友好条約を締結しています。

　まず米国とは1854年7月に「琉米修好条約」を締結しました。この条約の重要な点は、米国の連邦議会で次の年の3月に批准された正式な国際条約であることです。国際条約の批准には連邦議会の過半数ではなく、3分の2の賛成が必要ですから、重要な政治成果として、

現在も米国の条約集に記録されています。歴代の米国政府が結んだこの条約集を見ると、ハワイと修好条約を結んだ時期（1849年）とほぼ同じ頃に琉球と条約が締結され、批准されています。さらに琉球は、1855年にはフランスと琉仏修好条約、1859年にはオランダと琉蘭修好条約を結びました。

　米国と琉球が結んだ条約の正文は、ひとつは英語、もうひとつは中国語で書かれています。中国語を使ったのは琉球政府側ですが、琉球が対外的にどんな意識を持っていたかを考えるよい事例ではないかと思います。もちろんこれは欧米諸国も琉球をひとつの国家とみていたという有力な証左だと思います。

武力による併合と琉球政府の抵抗
　こうした中で、近代化を遂げた日本だけが従来の琉球に対する認識を一変させました。1872年、日本政府は琉球の併合を開始しますが、併合に向けどんな戦略を取ったかというと、次のようなものです。"琉球はもともと伝統的に日本の領土であり、住民は同じ国民なのだから、きちんと日本に統合するのは当たり前だ"という理屈です。実は1850年代にロシアとの領土交渉で、アイヌ民族とアイヌモシリ（北海道）を併合したときの理屈と同じです。つまり、その後の台湾・朝鮮の併合が戦争とつながった国際問題であり、条約を用いたものであったのに対し、琉球の併合は「国内問題」であり、他国の干渉を許さないという立場が取られました。具体的には、琉球王国を国内行政単位であった「藩」、「琉球藩」に変更したのが1872年でした。ただし、日本政府は「琉球藩」を外務省の管轄下に置くという矛盾した行動をとっています。

　しかし琉球政府はその後、中国との朝貢関係や欧米諸国との条約を

根拠に、6年以上にわたって日本政府による併合に抵抗を試みました。その過程で、中国は琉球政府の行動に理解を示し、日本との外交交渉を通じて琉球を支持し、国際的な信義を示しましたが、米国は逆の行動を取りました。米国の態度は、条約上の友好国として国際的に責任を負わなくてはいけない道義上の関係があるにも拘らず、琉球が日本によって不当に併合されるプロセスを見て見ぬふりをするというものでした。

　結果的に1879年、琉球政府の抵抗に対して、日本政府は武装部隊（陸軍と武装警官隊）を派遣し、琉球政府機関の置かれた首里城を包囲しました。首里城を包囲した中で、「琉球藩」を廃止し「沖縄県」を設置するという命令書に同意することを国王に求めたのです。この実態は、琉球国の視点からすれば、「国内問題」ではなく、「ウィーン条約法条約」という国際法の第51条に明らかに違反した国際問題として、明確に認識されるべきだと思います。この51条では、「条約に拘束されることについての国の同意は、当該国の代表者に対する行為又は脅迫による強制の場合には、いかなる法的効果も有しない。」となっています。

現在に続く、米国の道義的・法的責任
　このプロセスとその後の対応は、帝国主義に加担した責任として、国際法上、何点か明確な問題が米国政府にも生じます。
　第1点は、不正への加担です。友好条約の締結国として琉球に対する日本政府の不正義を米国は十分知っていました。実は琉球政府から支援要請の手紙を東京にあった米国公使は1878年に受け取り、米国政府への伝達を約束しました。不正に対する支援要請を受け取ったにも拘らず、正義を回復するためのいかなる行動も取りませんでした。さらにこの姿勢は、米国政府による以下の国際法違反にもつながりま

す。

　2点目に、米国政府は、琉球を日本によって不正に略取された植民地と認識した上で、つまり植民地と知りながら、ここに第二次世界大戦末期の戦場、いわゆる沖縄戦の戦場を設定しました。さらにその差別構造を巧妙に利用し、旧琉球王国領土を1945年3月の「ニミッツ布告」（占領軍総司令官による命令書）で日本から行政権を分離し、米軍による直接統治下に置きました。その後日本本土も占領下に置かれますが、行政権が停止されたのは沖縄だけでした。その直接統治下の約30年、沖縄の土地は軍によって収奪され、人権侵害が横行しました。この状況も、ハーグ陸戦法規やポツダム宣言など、さまざまな国際法規に対する重大な侵犯であると思います。

　さらに最後のポイントは、翁長沖縄県知事の主張に大きく関係します。米国政府も国際人権規約第1条に規定された人民の自己決定権を国際社会でも尊重する義務があります。そして米国政府は、琉球の自己決定権を知っていたにも拘らず、それを無視し、1972年のいわゆる沖縄返還後も日本政府と共謀して基地の拡大強化を続けてきました。日本政府を前面に出し、基地の提供は日本の国内問題だという立場です。今現在の辺野古への新基地建設もこれにつながっています。琉球の自己決定権の存在を前提にすれば、基地建設は日本の国内問題という主張は詭弁で、国際法上、米国政府は琉球人民の自己決定権を尊重するという普遍的な価値に対する法的責任もあるのだと思います。

　米国が第二次世界大戦後、沖縄の政治的地位をどうみていたのかを別の視点からも確認してみましょう。以下は第二次世界大戦における日本と連合国との平和条約である「サンフランシスコ講和条約」の第3条です。

「第3条　日本国は、北緯二十九度以南の南西諸島（琉球諸島及び大東諸島を含む。）孀婦岩の南の南方諸島（小笠原群島、西之島及び火山列島を含む。）並びに沖の鳥島及び南鳥島を合衆国の唯一の施政権者とする信託統治制度の下におくこととする国際連合に対する合衆国のいかなる提案にも同意する。このような提案が行われ且つ可決されるまで、合衆国は、領水を含むこれらの諸島の領域及び住民に対して、行政、立法及び司法上の権力の全部及び一部を行使する権利を有するものとする。」

　この条文では、米国が沖縄を国連の信託統治にするといえば、日本政府はこれに同意するとはっきり書かれています。国連の信託統治という制度は基本的に第二次世界大戦の敗戦国の植民地を分離して統治するシステムです。その意味でいえば、この条文は米国政府も日本政府も琉球を植民地だと相互に確認したということです。しかし信託統治に設定した地域では、植民地解放の原則に従って、将来住民に独立を約束しなければなりません。国際連盟の委任統治下から信託統治に移されたミクロネシア（旧南洋群島地域）がそうでした。米軍基地の自由な利用や駐留の永久化を図りにくい規定です。カイロ宣言やポツダム宣言にも違反します。そこで、「住民には日本国籍もアメリカ国籍もなかった」と翁長知事が発言されたように、米国の施政権下に置きながら日本には「潜在主権」が残るという中途半端な形式で、琉球を支配するということをやったのです。サンフランシスコ平和条約第3条からみても米国政府の植民地解放という国際社会の大きな政治原則に敵対する責任は明白だと思います。

国際人権規約と先住民族の権利宣言

　最後に、以下の国際人権規約の共通第1条の条文を紹介したいと思います。

「第1条　すべての人民は、自決の権利を有する。すべての人民は、この権利によって、その政治的地位を自由に決定し、かつ、その経済的・社会的及び文化的発展を自由に追及する。すべての人民は、互恵の原則に基づいて国際経済協力及び国際法から生まれるいかなる義務をも害することなく、その天然の富と資源を自らの目的のために自由に処分することができる。」

　これにプラスして、2007年に国連総会で採択された画期的な「先住民族の権利に関する宣言」があります（本書資料編資料1参照）。この権利宣言に照らして、沖縄・琉球で起きてきた理不尽なことを再認識すれば、その本質が理解できると同時に、そのつながりを確認できると思います。

　私の視点からすれば、無視されてきた自己決定権を明確に主張できる国際社会の明確な枠組みは「先住民族」（あるいは先住人民）という枠組みです。先住民族の権利に関する特別報告者であるビクトリア・タウリ・コープツさんにもこの問題では長年支援をいただいています。

　国連と国際法を使った動きはある面やきもきすることも少なくありません。しかし、粘り強い働きかけによって、構造が大きく変化することがあります。例えば、米国に関しても、ハワイ先住民族の粘り強い動きによって、米国のクリントン政権は、条約を結んだ友好国であったハワイに対する歴史的な不正を1993年に認め、上下両院の合同決議として謝罪を行ないました。こうした「先住民族」という新しい枠組みの中でこそ、改めて琉球に対する日本政府の責任と米国政府の責任の本質を問いかけることができると思っています。

ウチナーンチュの言葉・文化・歴史、世界の先住民族と共に

当真嗣清（とうましせい）──琉球弧の先住民族会元代表
1949年、米軍政下の琉球に生まれ、琉球政府立読谷高校卒業後、米軍政府発行のパスポートで立派な「日本人」になろうと上京。昼は地方公務員として東京都庁主税局に勤め、夜は大学で政治学より主にバスケットボールに精を出す。日本では高い洋モク Kent 喫いたさ、NBA レイカーズ見たさと少しばかり英語を勉強する為アメリカ留学。帰国後、広告、事務機販売の営業、学習塾経営、高校講師、読谷村助役を経て、読谷村内の米軍基地にて米国企業の契約社員や下請けとして時々働く。

1．ウチナーンチュとウチナーグチ

「ウチナーンチュ」とは「沖縄人」や「沖縄の人」を指す言葉で、「ウチナー」は沖縄、「チュ」は人を意味する。主に沖縄本島とその周辺離島に住む人びとを指して言う。「ウチナーンチュ」が使う言葉は「ウチナーグチ」（沖縄語）だ。私は沖縄本島中部で生まれ、18歳まで育ったので自分のことをウチナーンチュと呼び、ウチナーグチを使う。

琉球弧には沖縄本島とその周辺離島、宮古諸島、八重山諸島の他に、鹿児島県の与論島を含む奄美群島がある。それぞれミャークピトゥ（宮古人）・ミャークフツ（宮古語）、ヤイマピトゥ（八重山人）・ヤイマムニ（八重山語）、シマユムタ（奄美語）、ユンヌンチュ（与論人）・ユンヌフトゥバ（与論語）と言うことも付け加えておこう。

地理的条件も重なって琉球は独自の言語、琉球諸語（奄美語、国頭（くにがみ）語、沖縄語、宮古語、八重山語、与那国語）を持つようになった。国連教育科学文化機関（ユネスコ）は、2009年2月時点、世界で約2500の言語が消滅の危機にあると発表したが、そこには日本の8つの言語、アイヌ語、八丈語、奄美語、国頭語、沖縄語、宮古語、八重山語、与那国語が含まれており、そのうちの6つが琉球諸語である。

言語の消滅について、1938年に設立された学術団体「日本言語学会」は次のように報告している。「言語が消滅することで人間の文化の認識と、人間の社会の維持にかかわる問題が起こることはほぼ確実です。」

2．ウチナーはどこにある？

九州南端から台湾に至る約1300kmの海上に、島々が孤を描きながら飛び石状に並んでおり、それらは「琉球弧」と呼ばれる。琉球弧は北からトカラ列島、奄美群島、沖縄諸島、宮古諸島、八重山諸島で、

このうちほぼ北緯 27 度線の南にウチナー（沖縄本島）は位置している。

3．独特な琉球文化

　言葉が違えばそこに違う文化があるのは必定だ。琉球・沖縄にはそこに根づいた独特の文化が今に息づいている。古くから中国や東南アジア、その周辺諸国とさまざまな交易や交流を行ない、「琉球文化」の花を咲かせた。代表的な伝統工芸として陶芸、漆芸、紅型（染色）等の織物などがあり、伝統芸能も独自の発展を遂げる。古くから伝わる「琉球舞踊」、「組踊（くみおどり）」や旧盆の踊り「エイサー」それらの伴奏に使う「三線（さんしん）」（ヤマトの三味線（しゃみせん）の元祖）などは今に受け継がれている。いずれも琉球王国時代に王府の庇護のもとに育成され発展した。

4．独立国としての琉球から沖縄県へ

　歴史的には 14 世紀に中山、北山、南山と呼ばれる三つの小国家が分立していたが、15 世紀初頭、中山の武将、尚巴志が三山を統一して「琉球王国」とした。尚巴志は、父・尚思紹を初代国王に即位させ、首里を都と定め琉球弧全体を支配した。「琉球王国」成立以前（グスク時代）には、舜天王統（1187 ～ 1259）、英祖王統（1260 ～ 1349）、察度王統（1350 ～ 1405）と呼ばれる王統が存在したが、中山の始祖、察度王統を継いだ尚氏によって琉球最初の統一政権が樹立されたことになる。察度王（在位 1350 ～ 95）の時代に初めて中国の明に朝貢した。朝貢して中国の皇帝から琉球の国王として承認してもらう儀式を冊封（さっぽう）といい、このために派遣された使節が冊封使だ。冊封使が来て正式な即位式が行われた。この琉球国王の冊封は 1404 年の武寧王から 1866 年の尚泰王まで 462 年間に 24 回行われた。朝貢に際し馬・硫黄・芭蕉布・貝製品などを献上し、中国からは鉄器や陶磁器な

どが返礼として贈られた。これをきっかけに琉球は、14世紀～16世紀にかけていわゆる大交易時代を迎えた。

　しかし、やがてポルトガルやオランダが東アジアに進出し、中国商人や日本商人も東アジア交易に参入するようになると、琉球人による中継貿易は次第に衰えてくる。そうした中、日本で豊臣秀吉が国内を統一すると、琉球に対しても薩摩の島津藩を通じて圧力をかけるようになり、やがて琉球を支配することとなる。

　1609年、島津藩は約3000の兵と100隻余の軍船を差し向け、途中奄美大島を攻略し、琉球を制圧した。薩摩は琉球に対する支配を強固にし、琉球王国は日本の幕藩体制下に組み込まれた。琉球は幕府から「異国（外国）」として扱われ、しかし一方で中国との朝貢関係は続き、琉球は中国と日本に両属する形となった。

　幕末になると、通商を求めて欧米各国の船舶が頻繁に日本近海に現れようになるが、それは琉球に対しても例外ではなかった。米国のペリーは先ず琉球に来て拠点を置き、そこから日本へ向かった。日本がペリーの圧力に屈し日米和親条約を結ぶと、ペリーは琉球とも琉米修好条約を結んだ。琉球はさらにオランダ・フランスとも同様の条約を締結した。これら3条約締結の事実から、上村英明恵泉女学園大教授と阿部浩己神奈川大教授は、「琉球は国際法上の主体であり、日本の一部ではなかった」と指摘している（2015年2月4日付琉球新報）。

　明治維新により新政府が誕生すると、琉球の状況にも変化が起きた。琉球・沖縄においては版籍奉還のステップを踏まず、1872（明治5）年には琉球国王を藩王とする「廃琉置藩」を伝えた。琉球だけではなく中国・清朝の抵抗も予想されたため、一旦琉球王国を藩にしてから解体しようとしたと考えられる。そして、1879（明治12）年には琉球藩の廃止を伝え、沖縄県を設置する「廃藩置県」を通達した。これにより琉球王国、最後の国王・尚泰（しょうたい）は東京への移拠を命じられ、琉球王

国は滅亡した。この一連の事件を日本の歴史では「琉球処分」と称している。私はこの「琉球処分」という言い方は、平和な琉球を武力で併合した後ろめたさから、何も悪い事をしていない琉球を処分したと呼ぶことにしたのではないかと思っている。

　明治政府は急激な改革による沖縄の旧支配層の反発を警戒して古い慣習を温存する政策をとり、結果として沖縄の近代化は遅れることになった。

　その後、日本への同化＝皇民化を図るために沖縄の伝統的な風俗・慣習の改革が進められる。標準語がうまく話せない沖縄出身者は「琉球人」として軍隊で差別された。この政府や軍部の琉球・沖縄人に対する差別が、後の「沖縄戦」の悲惨な結末にもつながったと思われる。特に日常的に使われていた琉球諸語は、懲罰を伴った言語撲滅のような運動が国家主義・軍国主義の高揚とともに行われ、沖縄戦が始まると軍部から、琉球諸語を話す者はスパイとみなすような禁止、抑圧政策がとられた。

5．出稼ぎ・移民

　琉球・沖縄は島嶼県で資源に乏しく、土地も痩せ、日々の生活に困窮する中、貧しい人びとの多くは県外や外国に出稼ぎに行かざるを得ず、1923年〜1930年の日本全体の「海外移民」の1割にも及んだ。都道府県別では1899（明治32）〜1932（昭和7）年の移民数は広島、熊本につぐ第3位で、ハワイ・東南アジア・南米へと渡航していった。そうした沖縄出身移民者たちは、厳しい環境のなか故郷に送金し、その額は県の歳入の40〜65％に相当していた。

6．戦争の惨禍

　琉球・沖縄は従来「非武」の思想のもと無防備な島であったが、太

平洋戦争の戦況悪化にともない日本軍による飛行場建設が始まった。1944年3月には沖縄守備軍（第32軍）が創設され、沖縄本島や周辺離島、宮古・八重山諸島に、中国大陸や日本本土実戦部隊が続々と送り込まれた。各地域では人員から物資に至るまで徴用され、琉球・沖縄は軍事要塞化されていった。沖縄戦開始時は陸軍約8万6400人、海軍約1万人、現地動員部隊約2万人の計11万人余だったが、その後、17歳～45歳の男子は根こそぎ軍に「防衛隊」として動員された。

　対する米軍は54万人という圧倒的な兵力と膨大な装備をそなえ、1945年3月26日に慶良間諸島に上陸し、4月1日には沖縄本島に上陸した。日本軍は本土決戦準備の時間稼ぎとしての持久戦を展開するも、6月23日の牛島満司令官の自決により組織的抵抗は終了する。こうした中で、米兵を鬼畜と教え込まれていた住民は米軍上陸でパニックに陥り、集団自決（日本軍による集団強制死）や防空壕から日本軍の兵隊に追い出された住民の悲劇などを生んだ。中学校以上の男子生徒は「防衛隊」、女子生徒は「従軍看護婦隊」として動員されたが、その大多数が戦死した。

　1976年に沖縄県援護課が発表した沖縄戦の戦死者は、総数200,656人、うち沖縄県出身者124,228人（一般人94,000人、軍人・軍属28,228人）、他府県出身軍人65,908人、米兵12,520人である。悲惨な沖縄戦は終わるが、米軍の占領という更なる悲劇が始まろうとはまだ誰も予想できなかった。

7．アメリカによる沖縄統治と本土復帰

　日本は1945年8月15日終戦を迎え、既に沖縄に居ついていた米軍は、沖縄を本土と切り離して占領することにし、米軍政府は諮問機関として「沖縄諮詢会（しじゅんかい）」を設置（8月25日）し、本土に先

駆け満25歳以上の女性にも選挙権が与えられ、市長、市会議員の選挙も行われた。1946年4月には沖縄諮詢会は琉球政府となり、立法院も設置された。しかし、当初は行政主席と立法院議員は軍政府によって任命されたため、沖縄の自治権は限られたものであった。そして奄美大島、宮古・八重山諸島にも民政府が置かれた（奄美諸島は1953年に返還、鹿児島県に編入）。

　この軍政下、食糧は米軍の余剰物資が配給されたので戦後沖縄の食生活に大きな影響を与えた。また米軍によってジャズやロックなどの音楽がもたらされ、アメリカの生活文化は沖縄の衣・食・住やライフスタイルにも影響を与えた。

　その後、米軍政府は奄美・沖縄・宮古・八重山の4地域に群島政府（後に琉球政府）を設立し、自らを米国民政府と呼称させた。後に公選制になった立法院議員選挙で日本復帰促進派が多数を占めたため、任命制の琉球政府主席には親米派を直接任命した。

　米軍は基地建設のために住民の土地を無理やり奪った。拒否した農民の家や畑をブルドーザーでなぎ倒し、後に「銃剣とブルドーザー」と呼ばれる手段で基地建設を行なった。さらに、中国における共産党政権の誕生が予測されるようになると、米軍政府は軍用地を半永久的に使用するため、土地代の一括払い方針を打ち出した。これに対し住民は「島ぐるみ闘争」を展開し、反対を貫いた。その後も琉球・沖縄は、ベトナム戦争時は後方支援および出撃基地として使用されるなか、米軍による凶悪な事件・事故など基地被害が頻発し、琉球住民による返還要求、反米騒動が起きた。

8．沖縄、日本に返還―本土復帰

　1969年に佐藤首相とニクソン大統領との日米首脳会談で返還が決まり、1972年の5月15日に沖縄は日本に返還された。しかし、戦略

的に重要な米軍基地は残され、日本の国土面積の 0.6%、人口 1%の沖縄に、全国の米軍専用施設の 74%が集中する結果となった。米軍に関わる事件、事故やトラブルが絶えず、現在に至るまで大きな問題となっている。

　県民生活は向上しているものの、県民所得は全国平均の 70%程度（全国最下位）で、失業率も全国平均の約 1.5 倍（2015 年）ある。そして戦後すぐの頃は 50%以上も占めていた米軍関連所得（軍用地料収入、軍雇用者給与、米軍人軍属による基地外消費等）の割合は今では 5%に満たない（2015 年）。返還された土地は軍用地料収入の数十倍から数百倍に上るという数値報告が県や市町村から出され、今では地主や自治体は軍用地返還に真剣に取り組み、その成果を挙げている。

9．琉球・沖縄の食文化

　琉球・沖縄は食文化も独特だ。亜熱帯という自然環境と外国との貿易等の交流もそれに呼応して日本の中では琉球・沖縄を発祥とする作物や産物がある。特に次の 3 品について記述しておこう。

1）　琉球イモ→サツマイモ

　琉球から日本に伝わった農産物に中南米原産のイモ（甘藷）がある。進貢船（中国交易・使節を派遣するための琉球王国の官船）乗組員の野国総管が 1605 年に中国から苗を持ち帰って広めたのがはじまりだ。台風や旱魃など絶えず飢饉に悩まされた琉球では自然災害に強いイモは画期的な作物であった。このイモが薩摩に伝わりサツマイモとなった。

2）　砂糖

　砂糖キビ（甘蔗）から作られる黒糖。これは、1623 年に儀間真常が領民を中国・福建に派遣し、製造法を学ばせたことに始まる。当時、

砂糖は高値で取引され琉球王府は専売制にして利益を上げた。17世紀後半には奄美にも製造法が伝わり、薩摩藩はこの砂糖と琉球を通じた密貿易で莫大な利益を上げ、明治維新の原動力となる経済的基盤を築いた。

3） 昆布

　琉球・沖縄の海では採れない昆布は消費量全国一、豚肉とともに琉球料理に欠かせない食品である。かつて中国に輸出する貿易品としての昆布は重要な主要産物だった。北海道や遠方との貿易で得た昆布が琉球・沖縄の日常の食生活に普及・定着したことはその大交易の副産物であると言える。

10. 琉球弧の先住民族による国連での訴え

　「琉球弧の先住民族会（AIPR）」は1999年に、各国の先住民族団体、国連機関、市民団体との協力を通し、沖縄の国際的地位向上に貢献することを目的として琉球人を中心に設立した。これまで国連の人権や先住民族に関する諸会議に積極的に代表を送ってきた。

　2006年、国連人権委員会のドゥドゥ・ディエン特別報告者（現代的形態の人種主義、人種差別、外国人嫌悪および関連する不寛容に関する特別報告者）が琉球・沖縄を非公式に視察した結果として、琉球・沖縄に展開する米軍基地の状況は異常であり、日本政府が琉球・沖縄に対し明らかな差別を行なっていると発言し、国連に報告書を提出した。

　2008年10月、国連の自由権規約委員会は日本政府に対し、琉球民族にアイヌ民族と同様に「民族の言語、文化について習得できるよう十分な機会を与え、通常の教育課程の中にアイヌ、琉球・沖縄の文化に関する教育も導入」するよう勧告した。

　人種差別撤廃委員会（CERD）は2001年、沖縄住民を人種差別撤廃

条約の適用対象として日本政府にデータを出すよう勧告し、2010年の同委員会日本審査では、琉球民族の土地の権利を認めるべきだと言及し、総括所見では「沖縄の人びとが被っている根強い差別に懸念を表明」した。さらに沖縄への軍事基地の不均衡な集中が住民に否定的な影響を与えているとし、「沖縄の人びとが被っている差別を監視するために沖縄の人びとの代表者との幅広い協議を行なうよう」勧告した。さらに2014年には、「委員会は、締約国がその見解を見直し、琉球人を先住民族として認めることを検討し、それらの者の権利を保護するための具体的な措置を講じることを勧告する」とし、琉球の代表者との協議を再び勧告した（本書資料編資料2参照）。

しかし外務省は、「沖縄県居住者、出身者は日本民族であり、一般に他府県出身者と同様、社会通念上、（差別の対象となるような）生物学的または文化的諸特徴を共有している人びとの集団とは考えられておらず、本条約の対象にならない」「言語、宗教、慣習、文化などが日本本土との関係で異なっているという認識が必ずしも一般にあるとは認識していない」という立場を変えていない。

これに対し山内徳信参議院議員（当時）は「沖縄県民が皆と同じ日本国民なら、なぜ70％以上の基地が沖縄に押し付けられているのか。これは差別だ」と指摘した。2012年9月の国連人権理事会では、琉球人の我如古朋美さん（恵泉女学園大学大学院生）が「基地があること自体が差別であり、歴史的には言語や文化も奪われている」と訴えた。

またAIPRはIMADR等と共に人種差別撤廃委員会の早期警戒と緊急手続きに基づいて、辺野古の大浦湾と高江における米軍基地建設の検証と早急な対応を求める要請書を提出し、委員会から日本政府に情報提供の要請があったが、政府からの回答は従来の立場を繰り返すものだった。

11. 先住民族としての琉球・沖縄人

　このような動きは、いわゆる「沖縄問題」を「基地問題」「環境問題」「経済格差」と括るだけでなく、1609 年の薩摩侵攻、1879 年の琉球処分から続く日本政府による構造的差別の結果であること、琉球人が先住民族であるとの認識をさらに強くする結果となった。

　先住民族とは、後からやってきた入植者の侵略を受け、同意のないまま入植者のつくった国家の支配下に組み込まれながらも、民族としての心のよりどころを失わず、先祖伝来の言葉や伝統、文化を受け継ごうとしている人びとのことと言われているが、これは正に琉球・沖縄の人びとの事ではないだろうか。更に「先住民族とは民族としての存在と固有の文化を否定され，その植民地政策によって同化を強制された民族的集団」という。これはまさに琉球・沖縄の人びとのことではないだろうか。

12. 先住民族世界会議（第 69 回国連総会）

　2014 年 9 月 22 日、第 69 回国連総会・先住民族世界会議（WCIP）が開催された。パン・ギムン国連事務総長のいろいろな国や地域の先住民族の言葉を使用した印象的な挨拶で始まり、午後から分科会が行われ、第二分科会で琉球・沖縄を代表して糸数慶子参議院議員が発表をした。二日目の第三分科会には私が発言趣旨を文書で提出した。

　発表の要旨は、琉球が独立国であった時代から 1879 年に日本が武力侵略したこと、第二次大戦の敗北で沖縄はアメリカの占領下におかれ基地の重圧に苦しめられたこと、1972 年の日本復帰後も基地はむしろ強化拡大されたこと、日本政府が国連の様々な勧告を無視して琉球を先住民族として認めないこと。そして、日本政府・米政府には米軍基地の撤去と返還を要求し、琉球弧の先住民族の自己決定権回復を強く訴えた。

北海道アイヌ協会の阿部ユポさん(右端)と世界先住民族会議準備会に参加(2013年6月、ノルウェー)

国連先住民族特別報告者に沖縄訪問を島袋純琉大教授と要請(2015年3月)

翌日、日本政府との個別会合が国連食堂の一角で実現した。国連やアジア先住民族機構などでは琉球を先住民族として認めていること、構造的差別という言葉の裏にあるいわゆる先住民族としての権利の保障をして欲しいと再度強く要望した。

13.「国連先住民族権利宣言」とは？

世界の先住民族の待遇を整備する重要な基準である「国連先住民族権利宣言」(2007年採択、本書資料編資料1参照) は、起草から採択まで20年以上におよぶ政府委員と先住民族代表の激しい討論の結果できあがった宣言である。「文化、アイデンティティ、言語、労働、健康、教育、その他の問題」に対する個人と共同の先住民族の権利、慣習、文化と伝統を守り、強化し、先住民族自身の必要性と目標に合わせて先住民族の発展を約束するものである。

全部で44条からなるこの宣言のなかで最も重要なのは自己決定権である。先住民族の自己決定権とは、政治的地位を自分たちで決め、経済的、社会的、文化的な発展のあり方や、その方法なども自分たちで決めることができるという権利である。他にも次のような権利が定められている。

・同化を強制されない権利
・土地や資源の返還や賠償などを求める権利
・自治を求める権利
・文化的・宗教的な慣習を実践する権利
・独自の言語で教育を行い、受ける権利
・伝統的につながりを持ってきた土地や資源を利用する権利、など

この権利宣言に署名をした日本政府は、先住民族であるアイヌや琉球・沖縄の人びとに等しく権利宣言の実践をし、国際的に日本の名声を上げることを希望する。

島ぐるみ会議の挑戦
自治権拡大の国際的潮流の中で

島袋純（しまぶくろじゅん）——琉球大学教授

1961年生まれ。早稲田大学政治学研究科博士課程満期退学（93年）、政治学博士（97年）。93年より琉球大学助教授、スコットランド政治の研究のため英国エジンバラ大学客員研究員（1998～2000年）を経て07年より現職。主な業績として、『「沖縄振興体制」を問う』（法律文化社2014年）、『沖縄が問う日本の安全保障』（岩波書店2015年）。2014年7月結成の沖縄建白書を実現し未来を拓く島ぐるみ会議に関わり、現在事務局次長及び国連部会長を務める。

はじめに

　普天間基地の危険性除去を名目とする辺野古への新たな海兵隊航空基地の建設に対する反対運動は、これまでの沖縄の運動とは大きく変化した二つの根本的な基盤の上に成り立っている。それは、沖縄の歴史と現状に対する認識の変化と、沖縄の基地問題は人権問題であり自己決定権の侵害であるという認識の変化である。日本政府も大手メディアもそしてその影響下にある国民の大半も、それにまったく気がついていない。あるいは気がついていたとしても黙殺しようとしている。しかし、辺野古基地建設の強行、それを正当化し、あるいは取り繕う様々な無理やりの国策や宣伝的報道において、大きく変化したその基盤をもはやもとに戻すこともできなければ突き崩すこともできない。二つの基盤が相乗しあって、新しい運動が広がっている。

　沖縄に新たな基地を押し付けることは、「琉球処分」「施政権分離」「沖縄返還協定」という日米両政府の歴史的な不正義の上に、さらなる不正義を強制するものである。それを許さない市民の認識の発展と広範な連帯が取り組みの基盤となり、「沖縄建白書を実現し未来を拓く島ぐるみ会議」（以下、島ぐるみ会議）は、2014年7月結成された。経済界の一部を含め、県政の与野党を超えたいわゆる「オール沖縄」という政治的な連携もそのような基盤があればこそ可能となったと言える。

　沖縄に対するこの歴史的不正義は、沖縄の人びとに対する極めて重大な人権侵害であるとする認識の広がりが、沖縄の基地問題を国際的な人権問題へと押し上げる島ぐるみ会議の国連活用の取り組みの支えとなっている。沖縄の人びとの人権を守っていくこと、そしてそのために自己決定権を確立していくこと、沖縄の市民が自らの人権を守っていくために権力を作り直していく運動と言ってもよい。国連や国際的な機関への訴えや国際的なNGOとの連携は、国際的立憲主義の活

用によって、沖縄の人権と自己決定権の回復を目指すことであり、それは直接、日本の立憲主義の回復を目指すことにもなる。

辺野古基地建設は、集団的自衛権を解釈改憲した同じ日の同じ閣議によって決定され着手された。安保法制の成立は日本の立憲主義がもはや末期的なところにあることを表しているのかもしれない。次期参議院選挙の結果次第では、ナチスの全権委任法と類似した緊急事態の特別法の制定、さらにはもはや憲法とは呼べないしろものが日本の最高法規としてとって代わる可能性すらある。それは日本の立憲主義の終焉を意味する。

島ぐるみ会議から全国民への連帯の呼びかけは、沖縄の問題で終わらせない、自分たちの人権を守るための立憲主義を求める国民の力を喚起することをめざしている。なお、ここで示す島ぐるみ会の意義づけや分析は、筆者の解釈と意義づけによるものであることを断っておきたい。

1．自治権拡大の国際的潮流

多くの主権国家の政府は、中央権力に対抗する少数派の挑戦に対して、極めて厳しい弾圧や封殺を行なってきた。話し合いや投票による意思決定の手続を継続していけば、平和裡に一地域が自決権を得られる手続や法制度が整えられている主権国家などあり得るわけがなかった。

そこに風穴を開けたのが、欧州の自治州や地域政府という1978年以降の新しい政府の出現である。欧州統合は、主権国家から成る欧州ではなく「地域から成る欧州」を一つの標語として、欧州機構が、自治州や地域政府の創設と自治の強化を支援してきた。

その中で重要なのが、自己決定権（自決権）の主張である。スペインのカタロニアや英国スコットランドは、自ら自己決定権をもつ存在

であることを国内外に宣言し、自治政府の構想を下から練り上げてきた。

　1989年にスコットランドの人民が、自らの意思に基づいて自由に政府を作る権力を持つという、自己決定権を宣言する歴史的文書を、基本法の制定会議を結成して全員の署名を得て発布した。次に制定会議はその権利に基づいて具体的な権力の仕組みと権限の中身を表す基本法の原案を合意形成した。この原案は、英国国会の制定法として立

フィンランドのオーランド議会。高度な自治権をもつ自治政府の先駆け

オーランド議会ロビーにある自治権獲得の歴史のレリーフ

法化され 1999 年に設置されたスコットランド議会及び政府を創設する根拠となった。スコットランド人民が自らの権利に基づいて自由にスコットランドの政府を形成するということを英国国会が認めたということになる。きわめて立憲主義的な自治政府創設のプロセスを経ているのである。

　欧州においては多くの国において、自治州あるいは地域政府が創設され、内的自決権が認められて、自らの望む極めて高度な自治権獲得を実現している。さらなる自決の権利を求める運動も活性化し、スコットランドは、独立を問う住民投票が実施された。ケベック、カタロニア、バスク等々、世界中の多くのメディアが結集していたが、メディアのみならず、少数派地域の研究者や市民運動も結集し、そして連帯していた。パンドラの箱は開けられてしまった。閉じることはできない。

２．沖縄「建白書」とは何か
１）設立の経緯

　2012 年、日本政府はそれまで死亡事故が多発していたことを伏せてオスプレイの沖縄配備を明らかにした。沖縄ではその配備反対のため、すべての政党、社会的・経済的団体の代表から構成される県民大会実行委員会が構成され、9 月 9 日、10 万人以上の大集会を成功させた。圧倒的な県民の意志が示されたわけである。

　この県民大会実行委員会が次なる沖縄総意の取り組みとして打ち出したのが「建白書」である。建白書とは政府に対する意見を書面にしたものである。この建白書は 2013 年 1 月 28 日付で安倍首相に提出された。

　そこに要求として明記された内容は、①沖縄米軍基地へのオスプレイ配備の撤回、②普天間基地の閉鎖と撤去、③同基地の県内移設断念

である。

　この建白書の重要な点は、オスプレイの配備撤回とともに、普天間基地の閉鎖・撤去及び県内移設の断念を、全市町村長、全市町村議会議長、県議会議長、全県議会会派代表、さらに沖縄の経済的・社会的団体の代表が直筆の署名を連ねている点にある。これほど多くの政治的・社会的・経済的代表者たちが、組織を背負いつつ、政府の政策に明白な反対の意思を結束して示していたのである。

　地域全体の政治的意思の表明が、このように幅広い結集で合意形成された要求としては、日本全体でもきわめて稀有なものであり、歴史的な要求文書ということがいえる。

2)「オール沖縄」の結集とは

　沖縄では、団体組織間の合意に基づく実行委員会方式で作り上げた組織は、県民大会が終われば解散するというのが95年以来続いていた。今回もこの枠組みは、県民大会及び建白書東京行動のために設置されたものであり、東京行動を最後に解散した。そのため建白書の意志を引き継ぎ、責務を果たすための活動を行なう枠組みが必要だと認識されるようになった。

3.「沖縄『建白書』を実現し未来をひらく島ぐるみ会議」の設立
1) 新しい形の市民運動

　2013年秋、自民党執行部は自民党沖縄県連及び所属議員に強力な圧力をかけ、辺野古容認に方針転換させた。様々な政治状況の変化と党内や組織内での意見の対立がある中で、主要団体間の合意に基づく実行委員会方式での「オール沖縄」はもはや到底不可能となった。これまでにない新たな形の「オール沖縄」、つまり市民個々人が参加する市民運動方式に転換していかざるを得ない状況となった。その中

で、より長期的で永続的な運動体として、市民個々人の参加をベースにした組織をつくろうという機運が生まれてきた。いいかえれば、建白書を実現するという課題を、個々人が参加する市民運動体として再構築していくというのが島ぐるみ会議創設の背景にある。こうして島ぐるみ会議は、新しい形の市民運動への期待をうけて、想定をはるかに超える2500人の参加を得て、2014年7月24日に宜野湾市民会館で結成大会を開催し発足した。

2）自己決定権要求の拡大

　これまで沖縄では人権を守るために人びとが立ち上がり「島ぐるみ闘争」を何度も起こしてきた。自治権拡大のためにキャラウェイ高等弁務官（1961年～64年沖縄在住）と対決し、実際に彼を更迭させるという自治権闘争もあった。島ぐるみ会議には、これまでの沖縄の闘いを明白に意識した人権・自治権の闘争、つまり立憲主義実現のための闘争だという考え方が根本にある。自治権闘争は、翁長知事が2015年4月5日の会談で菅官房長官に語った内容であり、現在の日本政府と返還前に沖縄を直接支配した米軍政府とを重ね合わせて批判している。沖縄の闘争は戦後一貫して永続していると捉えられ、現在もこの立憲主義的な闘争が継続していると言える。

　米軍支配に対する自治権闘争を経て、沖縄にはその都度自治権のあり方やそれを支える思想に対する批判、さらには代替案の提案が幾度となく重ねられてきた。沖縄返還直前の「屋良建議書」（1971年）をはじめ、州政府案の提案、80年前後の沖縄自治憲章や琉球共和社会憲法案がある。そして近年では、道州制議論とともに沖縄にきわめて強力で高度な自治権を獲得する根拠として、「自己決定権」という概念が用いられるようになってきた。これは立憲主義的な考え方に基づき、沖縄の人びとが自らの人権と社会を守ることができる強力な権限

を持つ沖縄の政府を作り出す権利ということになる。

　2005年に「沖縄自治研究会」が初めて国際人権法に基づく自己決定権を主張し、"沖縄自治州案"を提案した。2009年には沖縄経済同友会が事務局となり沖縄の強い州をつくるという沖縄道州制懇話会の"沖縄単独州案"を提案した。さらに2011年には沖縄特例型単独州を目指す県議会経験者の会が発足し、国際人権規約の第1条にある「すべての人民は、自決権を有する」という文言を引用して、沖縄独自の政府をつくっていくべきだという宣言を出した。

　2012年から13年にかけては県内でこの自己決定権をテーマにした講演会も頻繁に開かれていた。筆者にも多くの依頼があり、2013年9月には「権利章典」的決議文を沖縄県で作成してほしいという動きを起こした。「権利章典」とは何か。まず、不可侵の人権がすべての人に生まれながらに平等にあること、そして人権を守るために主権者である人民が政治権力をつくっていく権利を持っているという宣言のことであり、その後それがそのまま憲法の人権条項となる。これは歴史的にみれば、人権条項と議会主権を謳った英国の「権利章典」(1689年) があり、アメリカの独立革命の際に同じく権利章典と独立宣言が出され、明白に人民主権が打ち出された。フランス人権宣言では、不可侵の人権と人民主権が端的に宣言され、その宣言文が憲法の一部を構成するようになった。このように基本的人権を守るために主権在民があるというのが立憲主義の核心であり、沖縄においても私たちに不可侵の権利があり、主権者として権力を作り出すことができること、憲法制定権力を持つという、「権利章典」的宣言文を沖縄でつくるべきだという提案である。

　私は宣言文の要点を箇条書きにした文案を作成し、知り合いの数名の県議会議員に要請した。2013年10月、沖縄平和市民連絡会で私が講演をした時、オスプレイ配備反対等の建白書も重要であるが、それ

に加え自己決定権を確立するための「権利章典」(人権宣言)を二つ並べた形で確立することはできないか、建白書と権利章典が一緒になった形のものができないかという話をした。オール沖縄の形で、建白書の実現をめざすものができるのではないかということになり、オール沖縄再結集のための呼びかけ文書をつくった。その文書をもとにこれで呼びかけて欲しいと、県議会議長に働きかけをした。その後これが、島ぐるみ会議結成の際の「オール沖縄」再結集の呼びかけ文の原案の一つとなっていった。

いかに基地問題が人権侵害であるか。普天間基地は民間の土地を強奪して不法占拠して、そこに基地をつくり、それを返さないわけなので人権侵害の最たるものである。島ぐるみ会議結成趣旨文は、このような人権侵害を徹底的に追及しそれを回復することが建白書を実現する道筋であるという内容になっている。

4．「島ぐるみ会議」の取り組み
1）辺野古の現場支援バス

辺野古では、海上保安庁の暴力によって連日、人びとが「確保」という名のもと、監禁され、拘束されている。そんなひどい状況の中で、島ぐるみ会議の役割の第一は、現場の人びとをサポートすることだ。そのために、辺野古のテント村の行動に参加する人たちのために辺野古へのチャーターバスを派遣している(2015年1月からは毎日運行)。2016年になってから、我々の島ぐるみ会議をモデルとして、建白書の実現のため永続的な取り組みを行なう市民運動体として市町村ごとの「島ぐるみ会議」が自主的に結成され始め、各地から週一程度バスを出すようになっている。この市町村単位の行動は1956年の「島ぐるみ闘争」に似た状況といえる。この時の島ぐるみ闘争は自治会や市町村単位で始まり、草の根的に広がっていった。沖縄の運動は草の根

から作られていく過去の歴史があり、現在はそれに似たような状況になっている。

2）アメリカへの働きかけ

　島ぐるみ会議の仕事の第二は、アメリカへの働きかけである。沖縄県庁はワシントン事務所を開設した。また、県には辺野古新基地問題対策課がつくられた。2015年5月末の翁長知事の訪米には島ぐるみ会議所属の県議等が多く同行した。ワシントンの連邦議会の議員、シンクタンクの関係者との面会を成功させた。

　さらに2015年11月15日から7日間、島ぐるみ会議は約30人の訪米団を派遣し、アメリカの市民運動や労働運動と連携し、アメリカの地方議会とも連携を強化することができた。また市民運動や労働運動の中で辺野古反対を重要な取り組みとして推進してもらい、宣言や決議を引き出すことに成功した。

3）国連への働きかけ

　第三は、国連への取り組みである。島ぐるみ会議の国連人権機関に対する取り組みは、1）人権理事会普遍的定期審査へのロビー活動、2）特別報告者の招聘、3）人権理事会での知事による声明の支援とサイドイベント開催、4）表現の自由特別報告者への情報提供、5）環境権特別報告者への情報提供と招聘、となっている。

　1）については、国連人権理事会には普遍的定期審査というものがあり、国連加盟国すべての国の人権状況の審査をして、審査対象国の問題点を指摘する。それによって当該国は改善の回答書を出さなければならないということになっている。2015年は米国が審査対象国であり、米国を当事者として、人権侵害状況をまとめ人権理事会理事国に情報を配布し、面会可能である国に対しては、ジュネーブの国連代

表部に直接説明を行ないにいった。2）の取り組みは、特別報告者の招聘である。国連人権理事会の特別報告者というものは、人権理事会によって指名され、特定のテーマや世界各国の人権侵害状況を調査し人権理事会に報告する役割をもった役職である。先住民族に関する特別報告者を沖縄に非公式に招聘し、実際に人権弾圧がひどい沖縄の状況を見てもらった。3）には 2015 年 9 月の人権理事会で沖縄県知事が声明発表を行なえるようにとりはからった。

　国連での取り組みは、沖縄の新基地建設問題が極めて悪質な人権侵害であること、沖縄の人びとの重要な権利、自己決定権の侵害であることを国際的な場でアピールし、それによって国内に影響を与えていくという考えに基づいたものである。これは、国際立憲主義を活用した運動だと考えている。

4）国内連帯組織の形成

　島ぐるみ会議の仕事の第四は、47 都道府県すべてで、辺野古支援のためのシンポジウム開催を企画することである。そして、島ぐるみ会議的な運動組織を全国都道府県単位で作っていくことが課題である。

5．「島ぐるみ会議」がめざすもの

　島ぐるみ会議がめざすものは、建白書を実現していくことである。オスプレイ配備強行と辺野古基地建設の強行、弾圧などの差別政策は、沖縄の人びとの基本的な人権及び自己決定権の侵害であるということ、社会正義の抹殺であるということを明らかにして、その権利の回復を要求していくこと、正義を実現していく、つまり辺野古新基地の建設を阻止していくこと、これが島ぐるみ会議の目的である。

　重要なのは国際立憲主義という考え方である。人権というのは、国

際的に人類の普遍的な価値として承認され共有されている。国家を超える位置から国家権力を統制していこうということである。国際的な政治的仕組みや市民運動といかに連帯していくかが肝要で、国連人権機関や人権理事会への訴えが中心になる。また、国内においても立憲主義的な運動が勃興して、それと連帯していくことが重要になってくる。

1）喫緊の課題、工事中止と協議の場づくり

　喫緊の課題は、日本政府と沖縄県との公式の話し合いの場を設けることである。沖縄の自治権及び自己決定権を前提にした公式の話し合いの場をつくらなければならない。

　国連の人権機関は、沖縄の状況は極めて差別的であり、著しい人権侵害であり、沖縄の自己決定権を侵害しているとしている。そして日本政府に対してその状況に対する改善勧告を出し続けている。それを日本政府は無視している。

　2010年に人種差別撤廃委員会が日本政府宛てに送った総括所見では次のように勧告している。「沖縄の人びとが被っている根強い差別に懸念を表明する。沖縄における不均衡な軍事基地の集中が住民の経済的、社会的、文化的権利の享受を妨げている。」この経済的、社会的、文化的権利は、国際人権規約第一条で示された自己決定権の具体的な権利とまったく同じ文言である。これらの諸権利が妨げられているということは、沖縄の人びとの「自己決定権」が侵害されているということを意味している。

　さらに、同委員会は日本政府に対して「沖縄の人びとが被っている差別を監視し、彼（女）らの権利を推進し、適切な保護措置・保護政策を確立することを目的に、沖縄の人びとの代表と幅広い協議を行うよう奨励する」とも勧告している。この勧告が言う「沖縄の人びとの

代表」とは、沖縄の人びとの意志をきちんと体現するような人のことであり、沖縄の人びとの選挙結果を守る人でなければならないということである。沖縄の人びとの集合的な権利、資源に対する権利、海・空に対する権利、さまざまな権利を侵害していることについてきちんと話し合う場を設けることを要求している。

2）立憲主義に基づく全国的な闘い

　沖縄への差別撤廃の取り組みは、日本での運動が全国化していくことが決め手になる。辺野古新基地問題は、特殊な沖縄の問題ではなく、「可哀そうな沖縄への同情的な協力」でもなく、日本の人びとが自分たち自身の権利侵害とつながる問題としてとらえられるかどうかが鍵となる。

　"辺野古新基地建設着工"が、安保法制の起点となる集団的自衛権の行使容認を閣議決定した日（2014年7月1日）と同じ日であったことは、まさしく両者が一体的なものであることの一つの証左である。現在進行している過程は、軍事国家化と立憲主義の破壊、憲法に基づく政治自体を破壊するということであり、辺野古はそれの端的な現れである。立憲主義を守るのであれば、辺野古新基地建設はできない。

　「法の支配」というのは、人民に不可侵の権利があり、その権利を守るために人民が権力機構を創出し、人民の側が憲法制定権力を持つということを内容としている。それを人民が国家機構に押し付けるということであり、国家権力が人民に押し付けるものではない。

　辺野古の問題は、沖縄の人びとの不可侵の権利を完全に無視する形で土地を剥奪し、アメリカ軍が作った普天間基地に代替地を要求する権利を与えて新しく基地をつくるということである。そして作り方は沖縄の人びとの権利を完全になくすやり方でやるということである。

　「沖縄だから構わないよ」と言っていたら必ず別のところでもやら

れることになる。反辺野古の統一戦線、立憲主義破壊を阻止する統一戦線、あるいは反ファシズム統一戦線でもよいが、そのような統一戦線がつくられるべきではないか。沖縄ではこのようなことを意識してオール沖縄の島ぐるみ会議をつくっている。このような組織が全国的につくられ連帯が構築されることが、今の状況に対する決定的な力になる。現実を変えていく本当の決め手はここにある。

沖縄の首長たちによる東京大行進（徳森りまさん提供）

沖縄の声を届ける
世界に、日本に、一人ひとりに

徳森りま（とくもりりま）──島ぐるみ会議国連部会メンバー

沖縄県那覇市出身、1987年生まれ。早稲田大学大学院アジア太平洋研究科修士課程修了（国際関係学）。在学中よりシンクタンク「新外交イニシアティブ（ND）」にてインターン、2014年9月より沖縄「建白書」を実現し未来を拓く島ぐるみ会議事務局にて1年間勤務、翁長知事の国連人権理事会参加に向けてサポート・随行を経験。2016年1月より青年海外協力隊として南米コロンビアにて紛争被害者の社会参画支援に従事。

1．沖縄の声はなぜ聞こえないのか

私が平和運動に出会ったのは、24歳のときだった。沖縄では毎年、「復帰の日」前後に「5.15平和行進」が行われる。緑と影の強いコントラストが映える若夏の日差しのもと、全国や沖縄各地から集う1500名近くの参加者が、沖縄戦や米軍基地に関連するコースを3日間行進する。その行事のお弁当注文係として短期アルバイトで雇われた。

沖縄の輝く海と緑

一週間だけということでのんきに始めたはずのバイトだったが、そこで目にした光景が私の人生を一変させた。沖縄戦の悲惨さ、米軍占領下の抑圧、期待を裏切られた日本復帰、そして現在にも続く在日米軍基地問題 ― 脈々と続いてきた沖縄の歴史の不条理に対して、一人ひとりの市民が抗議の現場に駆けつけて、怒り、涙し、声をあげて訴える姿に人間として心を揺さぶられた。

しかし同時に、あの景色の中に微細な「違和感」を感じたのを覚えている。「沖縄を返せ」「安倍政権打倒」「沖縄にいらないものはどこにもいらない」――参加者らが掲げるのぼりやプラカードの表現にどこか本土の目線を感じてしまう自分がいた。沖縄を自由にしてほしいという、この地に暮らしている者としての心情と必ずしもイコールではないように思えた。最も強烈な違和感を受けたのは、東京から事務局にサポートにきてくれたある市民団体のメンバーの一言だった。後片付けも終わって帰京の際、彼は私にこう言った。「また来年も来るからね」。― 平和行進が終わってもしばらく私は、この違和感はなん

だろうと考えていた。そしてあるとき気がついた。東京の彼が発した言葉は、「沖縄に基地はいらない」と言いながら来年も沖縄に基地が存続していることを前提としており、そうした基地がある沖縄にまた来ることへの期待がにじみ出ていて、私はそのことに傷ついたのだ。

　彼にとっては何気ない一言だったと思うし、たった一年で沖縄の基地が劇的になくなることがいかに可能性の低い話かということは私も十分承知している。しかしこの時をきっかけに、私は沖縄の声が本土の人たちに代弁されてしまうことのリスクについて意識するようになった。

　「沖縄の声」とはなんだろうか。「辺野古に基地はつくらせない」というフレーズは、現場や報道の場面でも多用され、わかりやすい表現だと思うが、その本質は「自己決定権の回復」だと私は考える。沖縄の歴史を学びなおし、沖縄の痛みを分かち合い、沖縄の言葉や文化を大切にし、そこに暮らす人びとの意志が尊重される社会の実現を、沖縄は求めているのである。

　ゴールは「安倍政権打倒」などではない。そうした主張を行なうことを否定はしないけれども、本土の人びとがそれらを「沖縄の民意」だとして発信することには疑問と違和感がある。沖縄の主張が県外で理解されにくい背景には、こうした代弁者との齟齬（そご）が生じていることが一因なのではないだろうか。「日米両政府」対「沖縄」といういびつな力関係のなかで、本土の人びとの支援は絶対に必要だ。しかし、沖縄が求めているのは政府打倒ではなくて、自己決定権が認められる社会の実現である。「最終的に決定するのは沖縄の人びと」ということを本土の人びとは心に留めておいてほしい。

２．他者理解：ウチナーンチュ／ヤマトンチュ

　ウチナーンチュ（沖縄出身者）とヤマトンチュ（本土出身者）の隔た

について語ることは、日常生活の場面以上に、運動の現場では非常に繊細でむずかしい話である。話題にした途端、「ウチナーンチュだから、ヤマトンチュだからという区別は分断につながるから分けるべきではない」「同じ日本人でしょう」といった声が聞こえてくる。一方で、「ヤマトンチュは結局私たち（ウチナーンチュ）のことをわかっていない」「沖縄の運動を奪わないでほしい」といった声があるのもたしかだ。この話をすると、まるで敵か味方かを判別する試験にかけられるような気がして胸が苦しくなる。しかし、勇気を出してこの機会に私の考えを述べてみたい。

　辺野古の基地反対運動においてウチナーンチュとヤマトンチュを分けるべきか否かという議論は、この新基地建設を日米安保の問題として捉えているか、それとも琉球処分に端を発する沖縄差別の問題として捉えているかによって文脈が異なってくる。

　両者を区別すべきでないという主張は、新基地建設を日米安保の問

辺野古フェンス

題として重点をおいて捉えている立場から主に発せられているように思われる。例えば、日米安保は日本全体の問題なのだから国民全体で考えるべきだといった意見だ。この文脈で捉えれば、ウチナーンチュとヤマトンチュの関係は基地負担の差はあるものの、日本国民という点で両者は同質で連帯することでより大きな声をあげることができるように一見思える。

　一方で、皇民化教育の強制や沖縄戦、米軍占領下の犠牲、「琉球人」と蔑まれ差別されてきた過去など、ウチナーンチュとヤマトンチュの歩んできた歴史は全く異なる。沖縄への差別の延長として基地問題があるとする立場から見れば、両者を区別すべきでないとする意見はこうした歴史的背景を考慮していない主張に聞こえる。

　辺野古の新基地建設問題は沖縄差別の象徴であり、新基地建設を止める運動は沖縄の自己決定権を回復するための運動の過程の一つだ。したがって、ウチナーンチュとヤマトンチュを同質の存在とする捉え方は現実にそぐわないと私は考える。むしろお互いを「他者」として認め合うところから自己決定権回復の運動は始まる。自己決定権を取り戻すのも沖縄の人びとであり、運動の主役も沖縄の人びとである。政府対市民という不均衡な権力構造のもとに置かれている以上、沖縄の人びとこそがエンパワーメントを必要とする存在だ。

　「ウチナーンチュとヤマトンチュは他者の存在である」という命題について考えるとき、両者が異なる歴史を持つ母集団から成り立っているということだけでなく、両者の関係性が対等でないという点にも留意しなくてはいけない。

　ウチナーンチュとヤマトンチュの間には、被害者・加害者という見えない仕切りがある。私が小学生のころ、平和月間といって慰霊の日がある６月になると沖縄戦に関するビデオ教材の鑑賞や戦争体験者の講演を聞く機会が頻繁にあった。そうした中で、日本軍が沖縄の住民

から食糧や安全な場所を奪ったり、日本語を話さないことで住民をスパイだとして虐殺したり、日本軍が「鬼畜米英」のプロパガンダを扇動した影響で住民の集団自決が発生したりしたという話を聞いていくうちに、日本軍というよりも日本人全体に対して「ヤマトンチュは怖い」「ウチナーンチュとは違う」「ヤマトは沖縄を助けてくれない」という感情やイメージを持つようになっていった。ヤマトンチュの友人ができたことで私のヤマトンチュ恐怖症は改善された。だが、沖縄戦や米軍占領を経験した人や学んだ人たちのなかには、日本復帰という現実を経てもまだヤマトンチュに対する心の傷を密かに抱えて過ごしている人は少なくない。基地問題どころか沖縄戦についてすら継承されていない日本社会では、ウチナーンチュのヤマトに対する見えない心の傷はなかなか理解されていない。

　「ウチナーンチュ」と「ヤマトンチュ」の間には区別が必要だと訴える一方で、それぞれのカテゴリーを一括りにして考えることは妥当ではないということも強調しておきたい。例えば、ヤマトンチュのなかでも沖縄で起きていることにまったく無関心な人びとと、心を砕いて問題をどうにかしようと取り組んでいる人びととは分けて考えるべきだ。無関心な人びとに対しては、沖縄に基地負担を押し付けていることの潜在的責任を糾弾できるかもしれないが、問題に取り組んでいる人に対して同じ言葉を用いて責任を問うのは運動にとって摩擦を生むだけの結果になりかねない。

　異質だからわかりあえないと切り捨ててしまうのではなく、むしろ沖縄のエンパワーメントに力を注いできた支援者たちにこそ、運動の過程で沖縄の人びとの意見や手法を尊重することの重要性を理解してもらえるように訴えていきたい。沖縄の声を拡げるには、外部からの支援は絶対に必要なのだから。したがって、「ウチナーンチュ」「ヤマトンチュ」を区別することは決して分断ではない。お互いを真に理解

し、協力関係を築くためのスタートである。

3．どのようにして運動を構築していくか

　沖縄の声を拡げるための運動とは、どうあるべきだろうか。

　もっとも重要なのは、沖縄の人が自ら声をあげるということである。だから2015年9月、翁長雄志沖縄県知事が国連人権理事会で、「沖縄の人びとは自己決定権や人権をないがしろにされている」と主張したことはとても象徴的で歴史上、画期的なことだった。国連や米国・ワシントンなどの国際舞台で世界にむけて発信するということは、翻って日本国内や沖縄で基地問題に関心が低い人びとからも注目を集めることにもつながる。また、知事だけでなく市民一人ひとりが意思を表示することももちろん大切である。たとえば、沖縄では毎日、県内各地から辺野古への支援バスが運行しており、人びとはおのおのの想いを胸に抱えながら、入れ代わり立ち代わり座り込みに参加している。座り込みは、名もなき市民に与えられた立派な意思表示の手段である。

　もう一つ重要なことは、「最終的に決定するのは沖縄の人びとである」という点を忘れないでこの問題と付き合っていく姿勢が、支援者である本土の人びとには求められているということだ。ここからは、どのような運動のあり方が望ましいのかについて書いていきたい。

1）「無関心の声」を拾う

　これまでの日本の社会運動は、現場への支援や政府への対応にエネルギーが割かれるあまり、組織頼みの求心的な運動手法が長年踏襲され、個々の市民や政治的無関心層を巻き込んでいく取り組みがなおざりにされてしまった側面があるように思われる。辺野古の新基地建設を本気で止めるなら、無関心の人たちに対して今までのアプローチを

変えていかないといけない。

　具体的には、糾弾型の発信よりも魅力型の取り組みを増やしていくことを提案したい。人は、わくわくするものに惹かれる。おいしい、おもしろい、かっこいい、かわいい、お得・・・惹かれるキーワードがあれば自然と興味を持ち、そこから問題について学んだり関心を持ったりする。例えば、自然派ハンドメイド化粧品メーカーとして知られている株式会社ラッシュジャパンでは、辺野古・大浦湾に関するチャリティパーティを開催している（その様子はYouTubeの動画で確認できる）。ショーウィンドウ越しに、辺野古・大浦湾の生物多様性をイメージしたボディーペインティングを施すライブを実演し、興味を持った通行人が店内をのぞき込むなど好ましい反応を示している。また、おしゃれな商品と多様な水中生物の写真を並べた展示方法が、辺野古や米軍基地について何も知らない買い物客にも問題へ関心を持たせることに成功している。そして、寄付商品の購入を通じて消費者が解決に向けて支援できるなど、誰でも参加しやすい取り組みと工夫がある。

　これからの平和運動はこうしたハードルの低い「きっかけづくり」をしていく努力がますます求められる。もちろん、沖縄の危機的状況や痛みを分かち合う必要性を正面から訴えることも大切だ。しかし、怒りや主義主張を前面に押し出しても、問題に関心を持たない人には「むずかしそう」「自分には関係ない」「つまらない」となかなか響かず、逆効果になる場合さえある。むしろ、怒りや悲しみなどのネガティブな感情を抑えて、そうした無関心層の人びとに視点を合わせて戦略をつくるところから裾野の広い運動が生まれるのではないだろうか。

　沖縄の状況について全く知らない人や「自分とは関係ない」と思っている人と話していると、ときに絶望感や憤懣の情で身体が裂けそう

な感覚に陥る。しかし、怒りに任せて無知・無理解を糾弾し関係を終わらせてしまうよりも、多少でも関心を持ってもらい、味方を一人でも増やす努力を続けることが、結果的に沖縄のためになるはずだと確信している。沖縄の抱えてきた悲しみや苦しみを乗りこえて、「魅力」に変換し発信していくことが戦後世代の私たちに求められる運動のカタチではないだろうか。

2）支援にかかわる時に見落とされがちなこと

　紛争解決学のなかに、「下からの平和構築」というアプローチがある。通常は、紛争状態では渦中の人びとに問題があり、解決策は外部（第三者）から提供されるものとされるが、下からの平和構築では、解決策は地元が持つ資質から生み出され、築き上げられると考えられている。

　日米両政府と沖縄の対立を、紛争の構造に当てはめて捉えると、沖縄に心を寄せて取り組みを行なう本土の人びとの存在は、沖縄の「支援者（第三者介入）」にあたる。下からの平和構築でしばしば問題になるのが、外部からの介入者の影響が大きいがために、平和構築プロセスが地元の人びとのものであること、つまり誰が平和構築の主役なのかという点が見落とされがちになってしまうことである。

　同様のことは沖縄の事例にも言えると思う。「沖縄を返せ」「沖縄にいらない基地はどこにもいらない」「アベ政治を許さない」――本土から沖縄の運動の現場に来てこうしたスローガンを掲げて訴えている人たちを見かける。支援に来てくれることは本当にありがたいことだが、運動に傾倒するあまり自分の主張こそが「沖縄の声」で、常に正しいと信じきっている節があるように思える。なかには当事者意識が強すぎて、沖縄県民とウチナーンチュ（沖縄出身者）の意味の区別がつかないまま、自らを「沖縄の人」と称してふるまい発言する人も目

にする。

　当事者意識を持つことは、必ずしも沖縄の人としてふるまうことを意味しない。むしろ、沖縄出身ではないにもかかわらず沖縄に深く寄り添ってくれるからこそ、この問題に関心の浅い本土の人たちに共感を呼び起こす可能性を有しているのではないか。支援者の立場だからこそ説得力をもって発信できることが必ずあるはずだ。

　支援者は、自らが沖縄の声を無意識に代弁してしまっている可能性について一度かえりみてほしい。

4．むすびに

　私の父は沖縄系ペルー人で、私は幼少期を一時南米で過ごした。だから沖縄は生まれ育った故郷でもあるが、周りに比べて「外から沖縄を見る感覚」も持ち合わせてきたと自負している。とくに、「ウチナーンチュ」と「ウチナーンチュ以外の人」の境界については人一倍敏感になりながら生きてきた。

　ウチナーンチュとヤマトンチュについて、いまだに被害・加害の関係性が存続していると指摘した。しかし、ウチナーンチュが常に被害の立場ばかりだったわけではない。八重山や宮古の人たちにとっては、琉球王国時代の過酷な人頭税に代表されるように、沖縄本島の人間から差別的な扱いを受けてきた記憶は過去の話ではなく今でも受け継がれている。太平洋戦争以前には沖縄から多くの移民が南洋群島へ渡ったが、例えばフィリピンのダバオでは「二級日本人」として扱われてきた沖縄出身者らが、日本軍に協力することによって内地の日本人と対等になれると信じ、積極的に戦争に参加し現地住民の虐殺に関わった事例もあった。戦争の最中、沖縄県内には140カ所以上の「従軍慰安所」が設けられ、朝鮮から連れてこられた「慰安婦」たちは地域住民たちに見ないふりをされながら日本軍からひどい辱めを受け

た。彼女らを助けてあげられなかったことを悔いる住民の証言が近年出てきている。

　戦争は人を被害者にも加害者にもする。もちろん沖縄の人びとも戦争で膨大な犠牲を払った。しかし、不可抗力であったにせよ、自分たちより弱い立場の人びとを傷つけてきたことは事実であるし、そのことを後世に教え伝える取り組みは決して十分だったとは言えない。

　沖縄の自己決定権の回復を求め、沖縄の視点に立った教育の復興をのぞむとき、こうした加害の歴史の継承も決して忘れてはならない。被害者の痛みを知っている沖縄だからこそ、加害の歴史にも向き合い、真の平和を追求していきたい。そして、戦争を体験していない私たちの世代こそ、当事者が語りにくい被害・加害の両側面について記憶を再構築する取り組みが可能であると思う。

　島ぐるみ会議の仕事では、翁長知事に連れ添い国連人権理事会に参加するという貴重な経験をさせてもらった。人権侵害に苦しむ人びとが世界中から集って訴える姿に刺激を受けた半面、「沖縄の声」を届ける上で自分自身の力不足も痛感した。まったく違う場所で経験を積んで、沖縄の抱える問題を普遍的な人権問題として語れるようなりたい──そう思い、2016年1月より私は青年海外協力隊として南米コロンビアで働いている。長く続いた内戦で傷ついた人びとを支援するプロジェクトに携わりながら、物資よりもやはり人材こそが復興に必要とされるのだということを日々痛感している。

　「沖縄の声」に真摯に耳を傾け、ともに声を上げてくれる人が増えてくれることを遠くの地より願っている。

参考文献、URL

- 「LUSH 原宿表参道店　チャリティパーティ辺野古イベント」(2016年2月11日取得)。
  http://youtu.be/2LT0jaGvJgM
- 「第9章　平和構築」オリバー・ラムズボサム他『現代世界の紛争解決学：予防・介入・平和構築の理論と実践』宮本高世訳（明石書店、2009年）pp.250-266.
- 小林茂子『「国民国家」日本と移民の軌跡――沖縄・フィリピン移民教育史』（学文社、2010年）.

なぜ「県外移設」＝「基地引き取り」を主張するのか

高橋哲哉（たかはしてつや）——哲学者・東京大学大学院教授

東京大学大学院総合文化研究科教授。同研究科の「人間の安全保障」プログラムでは、「人間の安全保障基礎論」「生命と尊厳」を担当。2004年から3年間、NPO法人「前夜」の共同代表として、反植民地主義を掲げる雑誌『前夜』の刊行など活発な活動を展開。ベストセラーとなった『靖国問題』（筑摩書房）の他、『戦後責任論』『デリダ 脱構築』（以上、講談社）、『記憶のエチカ』『歴史／修正主義』（以上、岩波書店）など、著書多数。

私は2015年6月、小著『沖縄の米軍基地 「県外移設」を考える』（集英社新書）を上梓した。そこで論じたのは、在沖米軍基地の「県外移設」論＝「本土引き取り」論の正当性についてである。
　私が「県外移設」論を知ったのは、沖縄出身の社会学者・野村浩也教授（広島修道大学）の理論書『無意識の植民地主義　日本人の米軍基地と沖縄人』（御茶の水書房、2005年）によってであった。さらに、沖縄在住の作家・知念ウシ著『ウシがゆく　植民地主義を探検し、私をさがす旅』（沖縄タイムス社、2010年）や『シランフーナー（しらんふり）の暴力　知念ウシ政治発言集』（未来社、2013年）などを通して、「県外移設」論が、沖縄に生きる人びとの生活に深く根ざしたものであることを理解するようになった。
　沖縄への米軍基地偏在は歴史的な沖縄差別の結果であり、差別を解消するために基地は「本土」で引き受けるべきだという主張は、1990年代から沖縄社会に広がり、普天間基地の「県外移設」を模索した鳩山政権（2009〜2010年）以後、沖縄の政治舞台で有力な位置を占めるようになる。2014年には、普天間基地の「県外移設」を主張していた翁長雄志那覇市長が「県内移設反対」を掲げて沖縄県知事となり、辺野古新基地阻止を旗印に日本政府と対峙して今日に至るのである。
　では、私はなぜ、どのような理由で、「県外移設」＝「基地引き取り」を主張するのか。詳しくは上記の拙著を参照していただきたいが、以下でその骨子を述べてみたい。

1．安保体制の矛盾と沖縄差別

　日米安全保障条約（以下、安保条約）が「日本の平和と安全に役だっている」という人は、近年の世論調査で80％を超えている。安保条約を「今後も維持することに賛成」の人も、同じく80％に達している。内閣府のデータでも、朝日新聞のデータでも、この傾向は変わら

ない。2015年夏、共同通信社が実施した「戦後70年全国世論調査」では、安保条約による「日米同盟」を「強化すべきだ」が20％、「今のままでよい」が66％、「薄めるべきだ」が10％、「解消すべきだ」がわずか2％で、安保支持派は今や9割に達する勢いである。同調査では「護憲」60％、「改憲」32％で「平和主義が定着した」と報じられた。ところで、沖縄県の人口・有権者数とも全国の約1％であるから、沖縄の安保支持率は全国の支持率にほとんど影響しない（全国より低い傾向がある）。要するに、在日米軍基地は「護憲派」も含めた「本土」の圧倒的多数の国民の支持によって存在しているのである。

　では、なぜ、在日米軍専用施設の74％もが沖縄に集中しているのか。自衛隊との共用施設を含めても23％もの米軍基地が小さな沖縄県に置かれているのか。沖縄の人びとにとっては、米軍基地も安保条約も不本意ながら押しつけられてきたものである。それらを存置する決定に一度も参加させられたことがない。安保条約も沖縄県民が国政に参加できなかった時代に締結・改定され、国会で承認された。いま、辺野古の新基地建設に沖縄の圧倒的多数の人びとが反対しているのも当然である。米国施政権下でも日本「復帰」後も、沖縄の人びとはつねに「基地なき沖縄」の実現を願ってきた。それなのに、なぜ「本土」にではなく、沖縄に米軍基地が集中しているのか。

　ここに根本的な矛盾がある。有権者数一億人の八割もが米軍基地の必要を感じている「本土」にではなく、人口・面積とも「本土」の百分の一前後しかない沖縄県に、全体の四分の三もの米軍基地（専用施設）が置かれているという矛盾である。もしも「本土」の国民が日米安保体制の維持を望むなら、その政治的選択に伴う責任として、米軍基地に伴う負担とリスクは「本土」で負うのが当然ではないか。負担とリスクを負う覚悟なしに、それらを沖縄に負わせて、自らは「利益」だけを享受するなどということが許されるだろうか。

この矛盾は、沖縄の日本「復帰」後、半世紀以上にわたって放置されている。明治政府による琉球併合から沖縄戦を経て戦後の米軍統治時代まで、沖縄は「本土」のために利用され、差別的処遇を受けてきた。今なお変わらない米軍基地の押しつけが、歴史的な沖縄差別の現在的形態だとされるのも当然である。私が沖縄の基地の「県外移設」＝「本土引き取り」を主張するのは、この矛盾、この差別を一刻も早く解消すべきだと考えるからである。普天間飛行場をはじめとして沖縄の米軍基地を「本土」で引き取る。そして沖縄と「本土」との異常な不平等を解消し、沖縄への差別や植民地支配と言われる基地政策をやめなければならない。「本土」の国民（私もその一人である）は、沖縄からの「県外移設」要求に真剣に向き合わない限り、米軍基地問題についても日米安保体制についても、自らの問題として引き受けることができないだろう。

２． 歴史的経緯と引き取りの責任

　県外移設とは基地の「誘致」や「招致」ではなく、「引き取り」である。なぜなら、日米安保体制下では、上述の理由から、米軍基地は本来「本土」にあるべきものだからだ。在沖米軍の主力をなす海兵隊については、沖縄駐留を正当化する軍事的理由や地政学的理由が根拠薄弱であることはすでに指摘されている。2012年12月、森本敏防衛大臣（当時）はそれらの理由を否定し、「西日本のどこか」であれば海兵隊は機能するが、「政治的に許容できるところ」は沖縄しかない、と述べた。退任後、最近も「九州の南部か西部」であれば軍事的には機能すると発言している。中谷元現防衛大臣も、2014年、沖縄の米軍基地は「分散しようと思えば九州でも分散できる」、「理解してくれる自治体があれば移転できる」が、「米軍反対とかいうところが多くて」できない、と述べている。要するに、「本土」の国民の意思で米

軍基地を置いているのに、いざ「本土」に移設しようとすると反対が強いので「政治的に」難しいということである。

　だが、そもそも沖縄の海兵隊は、「本土」にいた部隊が沖縄に移駐したものである。1950年代、岐阜と山梨に司令部が置かれ全国に分散駐留していた海兵隊は、「本土」での反基地・反米感情の高まりを恐れた日米両政府によって沖縄に移され、「隔離」された。復帰後の1976年、1979年にも、沖縄県民の反対を押し切って岩国から部隊が移駐している。一方、日本政府は1972年、在沖海兵隊の撤退の動きがあった時にはこれを引き留めている。1995年の少女暴行事件後も、米国側が米軍の撤退や大幅削減や本土移設の選択肢を検討した際、日本政府がこれらを望まず、普天間飛行場の県内移設につながっていったと、交渉に当たったモンデール駐日大使（当時）が証言している。彼はさらに、「普天間の撤退は代替施設を見つけるのが条件だった」が、「私たち（米国側）は沖縄、辺野古とは言っていない」し、「基地をどこに配置するのかは日本政府が決めること」だから、「彼ら（日本政府）が別の場所に置くと決めれば、私たちの政府はそれを受け入れるだろう」とまで述べている（琉球新報、2015年11月9日付）。

　また、2012年2月、米軍再編の見直し協議のなかで、米国政府が在沖海兵隊約1500人の岩国基地移駐を打診してきたが、山口県や岩国市の反発を受けて当時の野田政権がこれを拒否した。最近では、沖縄県民の圧倒的な反対のなか普天間飛行場に強行配備された米軍の垂直離着陸輸送機オスプレイについて、その訓練の一部を佐賀空港に移転する計画が、地元の反対を理由に安倍政権によって取りやめられた。これらの経緯から分かるのは、沖縄への米軍集中がまさに政治的に作られたものであること、そして日本政府は「本土」の利益のために、沖縄への米軍隔離を望んできたことである。

　沖縄への基地集中の主な理由が政治的理由であるならば、日本政府

の政策を支持・容認している「本土」の国民こそ、その当事者であることになる。抗議する人びとを暴力的に弾圧してまで辺野古新基地建設を強行する安倍政権の背後にも、安保体制を支持しながら基地の負担とリスクには頬かむりしている「本土」の国民の存在があるはずだ。「本土」の国民は、日米安保体制を当面維持しようとするならば、あるいはまた、安保条約を近いうちに終了させるという見通しが立たないならば、辺野古の工事の即時中止を要求するだけでなく、普天間基地の固定化にも反対し、その返還のために「県外移設」の選択肢を提示すること、政府に「県外移設」の可能性を徹底的に追求するよう要求することをもって、応えるべきだと考える。

　県外移設は鳩山政権が追求して無残な失敗に終わったではないか、と言う人もいるかもしれない。たしかに鳩山首相は、県外移設実現のための準備と手腕を欠いていたし、何よりも論理に欠けていた。県外移設の正当性を国民やメディアに向かって説くことができなかった。実は、県外移設による沖縄の「負担軽減」を打ち出したのは、鳩山首相が初めてではない。2004年10月、沖縄国際大学への米軍ヘリ墜落事故後の状況で、小泉首相が「本土移転」を呼びかけ、当時の稲嶺沖縄県知事が期待を表明したが、受け入れる自治体は皆無で立ち消えになった。だがこうした経緯は、県外移設の不可能性を示すのではない。むしろ、自民党政権でも民主党政権でも首相が方針を打ち出すことは可能であり、有権者・国民の支持さえあれば、それをバックに米国側と交渉することも可能であることを示している。

3．基地引き取りと安保への賛否

　では、日米安保条約に反対する者はどうするのか。「安保反対」は、戦後日本で社会党・共産党など革新勢力が唱えてきたスローガンであり、世論調査で相当の支持を得ていた時代もあったが、近年では一割

前後の支持しか得られていない。先に記したように、共同通信の「戦後70年全国世論調査」ではわずか2％にまで支持を落としている。しかし今日でも、反戦平和運動では「米軍基地は沖縄にも日本のどこにもいらない」というアピールが行われている。普天間基地については、県内移設はもとより県外移設も許されず、無条件撤去しかないという意見になる。

　反戦平和運動の観点からは、この立場は理解しやすい。軍事に原則反対の平和主義からすれば、軍事基地は沖縄にあっても「本土」にあっても当然反対すべきものとなる（自衛隊基地も）。そのうえ日本には、「戦争放棄」のみならず「戦力不保持」も定めた憲法9条がある。米軍の日本駐留は憲法違反の疑いがある。

　私自身、「平和国家」を標榜する日本に多数の米軍基地を置くのはおかしいと考える。基地被害のみならず、「日米同盟」という超憲法的体制が日本政府に「対米従属」的な政策をとらせ、多くの問題を引き起こしている。忘れてならないのは、在日米軍基地から海外の紛争地域に米軍が出撃し、戦後日本は朝鮮戦争、ベトナム戦争、湾岸戦争、「対テロ戦争」、イラク戦争などで事実上米軍に加担してきたことである。こうした状況から脱するために、私も日米安保条約は解消すべきだと考える。米国とはあらためて平和友好条約を結び、米国依存を脱して近隣諸国との信頼醸成に努めながら、東アジアのなかで安全保障秩序を構築し、軍事的緊張を縮減していくことが肝要だと思うのである。

　しかし、革新勢力が何十年と「安保廃棄」を唱えてきても、安保支持は減るどころか漸増を続け、今や8割を超え9割に達しようとしている。反戦平和の立場であっても、こうした状況で直ちに「安保廃棄」が見通せない限り、「安保廃棄」が実現するまでは、県外移設によって沖縄の基地負担を引き受けるしかないのではないか。「沖縄に

いらない基地は日本のどこにもいらない」というスローガンは、県外移設を求める沖縄の側から見れば、「本土」の側の県外移設拒否宣言に聞こえる。実際、反戦平和運動は、「沖縄にいらない」米軍基地は「日本のどこにもいらない」のだから、「本土」のどこにも移設すべきではないとして、県外移設に冷淡な立場をとってきた。その結果、「本土」には許容できる地域がないから県外移設はできない、という政府の立場に近づいてしまうのだ。日米安保条約をいつまで続けていくのかは、いずれにせよ、「本土」の8000万有権者の意思にかかっている。日本の反戦平和運動は、「安保廃棄」を目ざすなら、県外移設を受け入れた上で、「本土」で自分たちの責任でそれを追求するのが筋である。

　沖縄の米軍基地の「本土」への引き取りは、日米安保条約の解消をめざすことと矛盾せず、両立する。基地引き取りの目的はもとより沖縄差別の解消である。しかし私は、安保条約解消のためにも、基地引き取り論の提起が必要だと考えている。1950年代当初、米軍基地の「本土」対沖縄の比率はおよそ9対1であったが、やがて「本土」の基地縮小や海兵隊の沖縄移駐等で「本土」の基地が激減し、60年代初めには1対1に、70年代半ばにはほぼ1対3となって現在に至る。注目すべきは、「本土」の基地が減り沖縄の負担率が上がるのと、日米安保支持率の上昇がほぼ並行していることである。米軍基地が沖縄に「隔離」され、「本土」住民の大部分からは見えないものになったからこそ、「本土」住民は安んじて安保体制を支持できるようになったと考えられる。米軍基地問題は「沖縄問題」だという固定観念が生まれ、「本土」住民は当事者意識をなくしていった。

　基地引き取り論は、沖縄の米軍基地が安保体制下では本来「本土」にあってしかるべきこと、安保条約を支持する「本土」住民こそ問題の当事者であることに直面させる。自分たちが負担とリスクを引き受

けるか、それが嫌なら安保条約を見直すか——この選択肢の前に立たせる。有権者の圧倒的多数が安保支持である限り、日本政府が安保条約解消に向かう可能性はまずない。日本政府を安保解消に向かわせるには、安保支持8割の世論に働きかけ、これを変えなければならないが、基地引き取りの提起はその有力なきっかけとなるはずである。

　県外移設＝基地引き取りは安保条約を「容認」することになるから反対だという議論も、反基地運動のなかではよく聞かれる。しかし、問題解決のプロセスのなかで安保条約を「前提」せざるをえないことと、安保条約を「容認」することとは違う。安保条約に賛成するのであれ反対するのであれ、安保条約が事実として存在し、それを前提として現実が動いている以上、基地問題について対応しようとすれば、誰もがそれを前提として動かざるをえない。それを安保条約の「容認」だと言って拒むなら、たとえば日米地位協定の改定にさえ反対せ

1950年代当初、米軍基地面積の本土対沖縄の比率は9対1

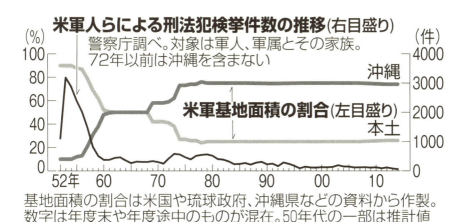

本土と沖縄の基地面積割合と在日米軍人らの刑法犯認知件数
（提供：朝日新聞社2015年6月7日）

米軍基地の「本土」対沖縄の比率はおよそ９対１

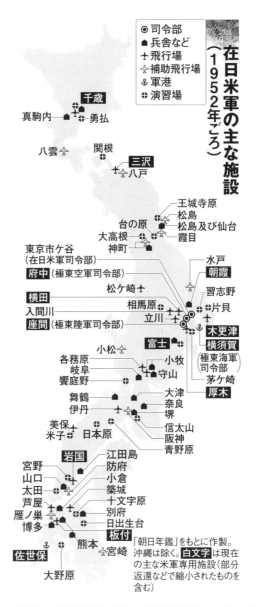

１９５２年ごろの在日米軍施設 (提供：朝日新聞社２０１５年６月７日)

ざるをえないだろう。米軍兵士の凶悪犯罪が起こるたびに叫ばれる差別的な地位協定の抜本改定について、それは安保条約を「容認」することだからと言って反対するのだろうか。

　また、たとえば、95年の少女暴行事件の翌年、大田昌秀知事の沖縄県が日米両政府に提出した「基地返還アクションプログラム」を考えてみよう。沖縄をアジア太平洋地域の「国際交流拠点」とする「国際都市構想」を実現するため、2015年までに沖縄の全米軍基地の「計画的かつ段階的」な返還をめざす──2001年までに10の基地、2010年までに14の基地、2015年までに嘉手納基地を含めて17の基地すべてを返還──という画期的な内容だった。だがこれは、日米安保条約解消を前提としたものではない。日米安保の存続を前提としつつ、沖縄の基地については全基地撤去をめざしたものである。安保条約の解消をめざす者は、このような案さえも安保条約を「容認」するものだからと言って、これに反対すべきなのだろうか。沖縄からの全基地撤去が決まった場合でも、安保条約のもとで「本土」の基地が存続する限り認められない、と言うのだろうか。

　繰り返しになるが、私自身は日米安保条約解消をめざすべきだと考える。「本土」の有権者が県外移設＝基地引き取りに向き合うことは、そのための道筋としても必要であり、大きなきっかけになるものと考えている。しかし、県外移設＝基地引き取り自体は安保解消を前提とするものではない。「本土」の日本人は、安保賛成であればその政治的選択に伴う責任、米軍基地存置の負担とリスクを引き受けなければならない。安保反対であっても、沖縄への異常な基地偏在という差別構造を残したまま、反戦平和だけを言い続けることはできない。日米安保条約をどうするかは、沖縄に押しつけられた米軍基地を、安保体制下では本来それがあるべき「本土」に戻したうえで、日本全体で決着すべき問題なのである。

「日本人よ、今こそ沖縄の基地を引き取れ」の横断幕　國吉和夫さん提供写真集『ＳＴＡＮＤ！』

資料編目次

1. 先住民族の権利に関する国際連合宣言 ……………………… 70
2. 人種差別撤廃委員会から日本政府に送られた総括所見
   ―琉球・沖縄関連抜粋 …………………………………………… 83
3. 国連人種差別に関するディエン特別報告者による日本公
   式訪問報告書―琉球・沖縄関連抜粋 ………………………… 86
4. 国連人権理事会　サイドイベント報告　沖縄におけるミ
   リタライゼーションと人権侵害 ………………………………… 91
5. 琉球・沖縄に関する「IMADR通信」掲載記事 ……………… 93
   1) 先住民族の権利宣言、国連総会で採択
      ―個人・集団の広範な権利認めた画期的な国際人権文書
   2) 沖縄に対する差別の撤廃を求めて
      ―国連勧告の実施に関する政府との対話
   3) 沖縄復帰40年 日本にとっての沖縄を考える
   4) ジュネーブからの便り　沖縄に関して国連　緊急行動をとる
   5) 特集　マイノリティ女性フォーラム in 沖縄
      ・マイノリティ女性―復帰40年の沖縄に集う
      ・沖縄女性と共に考える沖縄復帰40年
         ―長い差別、米軍と抑圧、同化主義の歴史を歩まされた沖縄とアイヌ
      ・沖縄女性から見た復帰40年について―誰とどう手をつなぐか
   6) 特集　先住民族の権利実現　世界・日本から見る
      ・先住民族と国連
      ・先住民族に関する世界会議のための準備会合(2013年、ノルウェー)
      ・EMRIPと琉球・沖縄
      ・先住民族の「認知」から先住民族による国連活用へ
   7) 先住民族の権利とCERD日本審査
   8) 先住民族世界会議　参加報告　―琉球・沖縄から
      ・世界会議を受けて 日本の先住民族政策の未来を考える
   9) 日本における琉球民族に対する差別
   10) 辺野古新基地建設と琉球・沖縄の自己決定権

資料編

1. 先住民族[1]の権利に関する国際連合宣言（仮訳）

国連総会第 61 会期 2007 年 9 月 13 日採択
（国連文書 A/RES/61/295 付属文書）

【前文第 1 段落】総会は、国際連合憲章の目的および原則、ならびに憲章に従い国家が負っている義務の履行における信義誠実に導かれ、

【前文第 2 段落】すべての民族が異なることへの権利、自らを異なると考える権利、および異なる者として尊重される権利を有することを承認するとともに、先住民族が他のすべての民族と平等であることを確認し、

【前文第 3 段落】すべての民族が、人類の共同遺産を成す文明および文化の多様性ならびに豊かさに貢献することもまた確認し、

【前文第 4 段落】国民的出自または人種的、宗教的、民族的ならびに文化的な差異を根拠として民族または個人の優越を基盤としたり、主唱するすべての教義、政策、慣行は、人種差別主義であり、科学的に誤りであり、法的に無効であり、道義的に非難すべきであり、社会的に不正であることをさらに確認し、

【前文第 5 段落】先住民族は、自らの権利の行使において、いかなる種類の差別からも自由であるべきことをまた再確認し、

【前文第 6 段落】先住民族は、とりわけ、自らの植民地化とその土地[2]、領域[3]および資源の奪取の結果、歴史的な不正義によって苦しみ、したがって特に、自身のニーズ（必要性）と利益に従った発展に対する自らの権利を彼／女らが行使することを妨げられてきたことを懸念し、

1　原語の"IndigenousPeoples"は、国連憲章、市民的及び政治的権利に関する国際規約および経済的、社会的及び文化的権利に関する国際規約の共通第 1 条において自己決定権を有する人民の意で使用されている。

【前文第 7 段落】先住民族の政治的、経済的および社会的構造と、自らの文化、精神的伝統、歴史および哲学に由来するその生得の権利、特に土地、領域および資源に対する自らの権利を尊重し促進させる緊急の必要性を認識し、

【前文第 8 段落】条約や協定、その他の国家との建設的取決めで認められた先住民族の権利を尊重し促進する緊急の必要性をさらに認識し、

【前文第 9 段落】先住民族が、政治的、経済的、社会的および文化的向上のために、そしてあらゆる形態の差別と抑圧に、それが起こる至る所で終止符を打つために、自らを組織しつつあるという事実を歓迎し、

【前文第 10 段落】先住民族とその土地、領域および資源に影響を及ぼす開発に対する先住民族による統制は、彼／女らが、自らの制度、文化および伝統を維持しかつ強化すること、そして自らの願望とニーズ（必要性）に従った発展を促進することを可能にすると確信し、

【前文第 11 段落】先住民族の知識、文化および伝統的慣行の尊重は、持続可能で衡平な発展と環境の適切な管理に寄与することもまた認識し、

【前文第 12 段落】先住民族の土地および領域の非軍事化の、世界の諸国と諸民族の間の平和、経済的・社会的進歩と発展、理解、そして友好関係に対する貢献を強調し、

【前文第 13 段落】先住民族の家族と共同体が、子どもの権利と両立させつつ、自らの子どもの養育、訓練、教育および福利について共同の責任を有する権利を特に認識し、

2　個人の所有と取引の対象となる近代的土地所有権とは異なり、そこに住む民族と精神的なつながりを持ち、分かつことのできない結びつきを持った大地を指す概念。
3　先住民族の生活空間全般を指し、土地、海域、水域およびその上空を含む広範な空間概念。

資料編 1　先住民族の権利に関する国際連合宣言

【前文第 14 段落】国家と先住民族との間の条約、協定および建設的な取決めによって認められている権利は、状況によって、国際的な関心と利益、責任、性質の問題であることを考慮し、

【前文第 15 段落】条約や協定、その他の建設的な取決め、ならびにそれらが示す関係は、先住民族と国家の間のより強固なパートナーシップ（対等な立場に基づく協働関係）の基礎であることもまた考慮し、

【前文第 16 段落】国際連合憲章、経済的、社会的及び文化的権利に関する国際規約、そして市民的及び政治的権利に関する国際規約、ならびにウィーン宣言および行動計画が、すべての民族の自己決定の権利ならびにその権利に基づき、彼／女らが自らの政治的地位を自由に決定し、自らの経済的、社会的および文化的発展を自由に追求することの基本的な重要性を確認していることを是認し、

【前文第 17 段落】本宣言中のいかなる規定も、どの民族に対しても、国際法に従って行使されるところの、その自己決定の権利を否認するために利用されてはならないことを心に銘記し、

【前文第 18 段落】本宣言で先住民族の権利を承認することが、正義と民主主義、人権の尊重、非差別と信義誠実の原則に基づき、国家と先住民族の間の調和的および協力的な関係の向上につながることを確信し、

【前文第 19 段落】国家に対し、先住民族に適用される国際法文書の下での、特に人権に関連する文書に関するすべての義務を、関係する民族との協議と協力に従って、遵守しかつ効果的に履行することを奨励し、

【前文第 20 段落】国際連合が先住民族の権利の促進と保護において演じるべき重要かつ継続する役割を有することを強調し、

【前文第 21 段落】本宣言が、先住民族の権利と自由の承認、促進および保護への、そしてこの分野における国際連合システムの関連する活動を展開するにあたっての、更なる重要な一歩前進であることを信じ、

【前文第22段落】先住民族である個人は、差別なしに、国際法で認められたすべての人権に対する権利を有すること、およびその民族としての存立や福祉、統合的発展にとって欠かすことのできない集団としての権利を保有していることを認識かつ再確認し、

【前文第23段落】先住民族の状況が、地域や国によって異なること、ならびに国および地域的な特性の重要性と、多様な歴史的および文化的背景が考慮されるべきであることもまた認識し、

【前文第24段落】以下の、先住民族の権利に関する国際連合宣言を、パートナーシップ（対等な立場に基づく協働関係）と相互尊重の精神の下で、達成を目指すべき基準として厳粛に宣言する。

第1条【集団および個人としての人権の享有】先住民族は、集団または個人として、国際連合憲章、世界人権宣言および国際人権法に認められたすべての人権と基本的自由の十分な享受に対する権利を有する。

第2条【平等の原則、差別からの自由】先住民族および個人は、自由であり、かつ他のすべての民族および個人と平等であり、さらに、自らの権利の行使において、いかなる種類の差別からも、特にその先住民族としての出自あるいはアイデンティティ（帰属意識）に基づく差別からも自由である権利を有する。

第3条【自己決定権】先住民族は、自己決定の権利を有する。この権利に基づき、先住民族は、自らの政治的地位を自由に決定し、ならびにその経済的、社会的および文化的発展を自由に追求する。

第4条【自治の権利】先住民族は、その自己決定権の行使において、このような自治機能の財源を確保するための方法と手段を含めて、自らの内部的および地方的問題に関連する事柄における自律あるいは自治に対する権利を有する。

第5条【国政への参加と独自な制度の維持】先住民族は、国家の政治的、経済的、社会的および文化的生活に、彼／女らがそう選択すれば、完全に参加する権利を保持する一方、自らの独自の政治的、法的、経済的、社会的および文化的制度を維持し

かつ強化する権利を有する。

第6条【国籍に対する権利】すべての先住民族である個人は、国籍／民族籍に対する権利を有する。

第7条【生命、身体の自由と安全】
1. 先住民族である個人は、生命、身体および精神的一体性[4]、自由ならびに安全に対する権利を有する。
2. 先住民族は、独自の民族として自由、平和および安全のうちに生活する集団的権利を有し、集団からの別の集団への子どもの強制的引き離しを含む、ジェノサイド（特定の集団を対象とした大量虐殺）行為または他のあらゆる暴力行為にさらされてはならない。

第8条【同化を強制されない権利】
1. 先住民族およびその個人は、強制的な同化または文化の破壊にさらされない権利を有する。
2. 国家は以下の行為について防止し、是正するための効果的な措置をとる：
   (a) 独自の民族としての自らの一体性、その文化的価値観あるいは民族的アイデンティティ（帰属意識）を剥奪する目的または効果をもつあらゆる行為。
   (b) 彼／女らからその土地、領域または資源を収奪する目的または効果をもつあらゆる行為。
   (c) 彼／女らの権利を侵害したり損なう目的または効果をもつあらゆる形態の強制的な住民移転。
   (d) あらゆる形態の強制的な同化または統合。
   (e) 彼／女らに対する人種的または民族的差別を助長または扇動する意図をもつあらゆる形態のプロパガンダ（デマ、うそ、偽りのニュースを含む広報宣伝）。

第9条【共同体に属する権利】先住民族およびその個人は、関係する共同体または民族[5]の伝統と慣習に従って、先住民族の共同体または民族に属する権利を有する。いかなる種類の不利益もかかる権利の行使から生じてはならない。

4　原語の"integrity"は、「人間が一体の存在として損なわれていないこと」の意。
5　原語の"nation"は、先住民族の国家を指す場合もある。

第 10 条【強制移住の禁止】先住民族は、自らの土地または領域から強制的に移動させられない。関係する先住民族の自由で事前の情報に基づく合意なしに、また正当で公正な補償に関する合意、そして可能な場合は、帰還の選択肢のある合意の後でなければ、いかなる転住も行われない。

第 11 条【文化的伝統と慣習の権利】
1. 先住民族は、自らの文化的伝統と慣習を実践しかつ再活性化する権利を有する。これには、考古学的および歴史的な遺跡、加工品、意匠、儀式、技術、視覚芸術および舞台芸術、そして文学のような過去、現在および未来にわたる自らの文化的表現を維持し、保護し、かつ発展させる権利が含まれる。
2. 国家は、その自由で事前の情報に基づく合意なしに、また彼／女らの法律、伝統および慣習に違反して奪取されたその文化的、知的、宗教的およびスピリチュアル（霊的、超自然的）な財産に関して、先住民族と連携して策定された効果的な仕組みを通じた、原状回復を含む救済を与える。

第 12 条【宗教的伝統と慣習の権利、遺骨の返還】
1. 先住民族は、自らの精神的および宗教的伝統、慣習、そして儀式を表現し、実践し、発展させ、教育する権利を有し、その宗教的および文化的な遺跡を維持し、保護し、そして私的にそこに立ち入る権利を有し、儀式用具を使用し管理する権利を有し、遺骨[6]の返還に対する権利を有する。
2. 国家は、関係する先住民族と連携して公平で透明性のある効果的措置を通じて、儀式用具と遺骨のアクセス（到達もしくは入手し、利用する）および／または返還を可能にするよう努める。

第 13 条【歴史、言語、口承伝統など】
1. 先住民族は、自らの歴史、言語、口承伝統、哲学、表記方法および文学を再活性化し、使用し、発展させ、そして未来の世代に伝達する権利を有し、ならびに独自の共同体名、地名、そして人名を選定しかつ保持する権利を有する。
2. 国家は、この権利が保護されることを確保するために、必要な場合には通訳の提供または他の適切な手段によって、政治的、法的、行政的な手続きにおいて、先住民族が理解できかつ理解され得ることを確保するために、効果的措置をとる。

6　原語の"humanremains"は、遺髪など、骨以外の遺体全体を含む概念である。

第14条【教育の権利】
 1．先住民族は、自らの文化的な教育法および学習法に適した方法で、独自の言語で教育を提供する教育制度および施設を設立し、管理する権利を有する。
 2．先住民族である個人、特に子どもは、国家によるあらゆる段階と形態の教育を、差別されずに受ける権利を有する。
 3．国家は、先住民族と連携して、その共同体の外に居住する者を含め先住民族である個人、特に子どもが、可能な場合に、独自の文化および言語による教育に対してアクセス（到達もしくは入手し、利用）できるよう、効果的措置をとる。

第15条【教育と公共情報に対する権利、偏見と差別の除去】
 1．先住民族は、教育および公共情報に適切に反映されるべき自らの文化、伝統、歴史および願望の尊厳ならびに多様性に対する権利を有する。
 2．国家は、関係する先住民族と連携および協力して、偏見と闘い、差別を除去し、先住民族および社会の他のすべての成員の間での寛容、理解および良好な関係を促進するために、効果的措置をとる。

第16条【メディアに関する権利】
 1．先住民族は、独自のメディアを自身の言語で設立し、差別されずにあらゆる形態の非先住民族メディアへアクセス（到達もしくは入手し、利用）する権利を有する。
 2．国家は、国営メディアが先住民族の文化的多様性を正当に反映することを確保するため、効果的措置をとる。国家は、完全な表現の自由の確保を損なうことなく、民間のメディアが先住民族の文化的多様性を十分に反映することを奨励すべきである。

第17条【労働権の平等と子どもの労働への特別措置】
 1．先住民族である個人および先住民族は、適用可能な国際および国内労働法の下で確立されたすべての権利を全面的に享受する権利を有する。
 2．国家は、先住民族の子どもたちを経済的搾取から保護するため、および危険性があり、もしくは子どもの教育を阻害したり、子どもの健康もしくは肉体的または精神的、スピリュチュアル（霊的、超自然的）、道徳的もしくは社会的な発達に対して有害であると思われるようないかなる労働にも従事しないよう保護するため、彼／女らが特に弱い存在であることと、そのエンパワメント（能力・権利の強化）のために教育が重要であることを考慮に入れつつ、先住民族と連携および

協力し特別な措置をとる。
3．先住民族である個人は、労働や、特に雇用、または給与のいかなる差別的条件にも従わせられない権利を有する。

第18条【意思決定への参加権と制度の維持】先住民族は、自らの権利に影響を及ぼす事柄における意思決定に、自身の手続きに従い自ら選んだ代表を通じて参加し、先住民族固有の意思決定制度を維持しかつ発展させる権利を有する。

第19条【影響する立法・行政措置に対する合意】国家は、先住民族に影響を及ぼし得る立法的または行政的措置を採択し実施する前に、彼／女らの自由で事前の情報に基づく合意を得るため、その代表機関を通じて、当該の先住民族と誠実に協議し協力する。

第20条【民族としての生存および発展の権利】
1．先住民族は、自らの政治的、経済的および社会的制度または機関を維持しかつ発展させる権利、生存および発展の独自の手段の享受が確保される権利、ならびに自らのすべての伝統的その他の経済活動に自由に従事する権利を有する。
2．自らの生存および発展の手段を剥奪された先住民族は、正当かつ公正な救済を得る権利を有する。

第21条【経済的・社会的条件の改善と特別措置】
1．先住民族は、特に、教育、雇用、職業訓練および再訓練、住宅、衛生、健康、ならびに社会保障の分野を含めて、自らの経済的および社会的条件の改善に対する権利を差別なく有する。
2．国家は、彼／女らの経済的および社会的条件の継続した改善を確保すべく効果的な措置および、適切な場合は、特別な措置をとる。先住民族の高齢者、女性、青年、子ども、および障がいのある人々の権利と特別なニーズ（必要性）に特別な注意が払われる。

第22条【高齢者、女性、青年、子ども、障がいのある人々などへの特別措置】
1．この宣言の実行にあたって、先住民族の高齢者、女性、青年、子ども、そして障がいのある人々の権利と特別なニーズ（必要性）に特別の注意が払われる。
2．国家は、先住民族と連携して、先住民族の女性と子どもがあらゆる形態の暴力と差別に対する完全な保護ならびに保障を享受することを確保するために措置をとる。

第23条【発展の権利の行使】先住民族は、発展に対する自らの権利を行使するための優先事項および戦略を決定し、発展させる権利を有する。特に、先住民族は、自らに影響を及ぼす健康、住宅、その他の経済的および社会的計画を展開し決定することに積極的に関わる権利を有し、可能な限り、自身の制度を通じてそのような計画を管理する権利を有する。

第24条【伝統医療と保健の権利】
1．先住民族は、必要不可欠な医療用の動植物および鉱物の保存を含む、自らの伝統医療および保健の実践を維持する権利を有する。先住民族である個人は、また、社会的および保健サービスをいかなる差別もなく利用する権利を有する。
2．先住民族である個人は、到達し得る最高水準の身体的および精神的健康を享受する平等な権利を有する。国家はこの権利の完全な実現を漸進的に達成するため、必要な措置をとる。

第25条【土地や領域、資源との精神的つながり】先住民族は、自らが伝統的に所有もしくはその他の方法で占有または使用してきた土地、領域、水域および沿岸海域、その他の資源との自らの独特な精神的つながりを維持し、強化する権利を有し、これに関する未来の世代に対するその責任を保持する権利を有する。

第26条【土地や領域、資源に対する権利】
1．先住民族は、自らが伝統的に所有し、占有し、またはその他の方法で使用し、もしくは取得してきた土地や領域、資源に対する権利を有する。
2．先住民族は、自らが、伝統的な所有権もしくはその他の伝統的な占有または使用により所有し、あるいはその他の方法で取得した土地や領域、資源を所有し、使用し、開発し、管理する権利を有する。
3．国家は、これらの土地と領域、資源に対する法的承認および保護を与える。そのような承認は、関係する先住民族の慣習、伝統、および土地保有制度を十分に尊重してなされる。

第27条【土地や資源、領域に関する権利の承認】国家は、関係する先住民族と連携して、伝統的に所有もしくは他の方法で占有または使用されたものを含む先住民族の土地と領域、資源に関する権利を承認し裁定するために、公平、独立、中立で公開された透明性のある手続きを、先住民族の法律や慣習、および土地保有制度を十分に尊重しつつ設立し、かつ実施する。先住民族はこの手続きに参加する権利を有する。

第28条【土地や領域、資源の回復と補償を受ける権利】
1. 先住民族は、自らが伝統的に所有し、または占有もしくは使用してきた土地、領域および資源であって、その自由で事前の情報に基づいた合意なくして没収、収奪、占有、使用され、または損害を与えられたものに対して、原状回復を含む手段により、またはそれが可能でなければ正当、公正かつ衡平な補償の手段により救済を受ける権利を有する。
2. 関係する民族による自由な別段の合意がなければ、補償は、質、規模および法的地位において同等の土地、領域および資源の形態、または金銭的な賠償、もしくはその他の適切な救済の形をとらなければならない。

第29条【環境に対する権利】
1. 先住民族は、自らの土地、領域および資源の環境ならびに生産能力の保全および保護に対する権利を有する。国家は、そのような保全および保護のための先住民族のための支援計画を差別なく作成し実行する。
2. 国家は、先住民族の土地および領域において彼／女らの自由で事前の情報に基づく合意なしに、有害物質のいかなる貯蔵および廃棄処分が行われないことを確保するための効果的な措置をとる。
3. 国家はまた、必要な場合に、そのような物質によって影響を受ける民族によって策定されかつ実施される、先住民族の健康を監視し、維持し、そして回復するための計画が適切に実施されることを確保するための効果的な措置をとる。

第30条【軍事活動の禁止】
1. 関連する公共の利益によって正当化されるか、もしくは当該の先住民族による自由な合意または要請のある場合を除いて、先住民族の土地または領域で軍事活動は行われない。
2. 国家は、彼／女らの土地や領域を軍事活動で使用する前に、適切な手続き、特にその代表機関を通じて、当該民族と効果的な協議を行う。

第31条【遺産に対する知的財産権】
1. 先住民族は、人的・遺伝的資源、種子、薬、動物相・植物相の特性についての知識、口承伝統、文学、意匠、スポーツおよび伝統的競技、ならびに視覚芸術および舞台芸術を含む、自らの文化遺産および伝統的文化表現ならびに科学、技術、および文化的表現を保持し、管理し、保護し、発展させる権利を有する。先住民族はまた、このような文化遺産、伝統的知識、伝統的文化表現に関する自らの知

的財産を保持し、管理し、保護し、発展させる権利を有する。
2．国家は、先住民族と連携して、これらの権利の行使を承認しかつ保護するために効果的な措置をとる。

第32条【土地や領域、資源に関する発展の権利と開発プロジェクトへの事前合意】
1．先住民族は、自らの土地または領域およびその他の資源の開発または使用のための優先事項および戦略を決定し、発展させる権利を有する。
2．国家は、特に、鉱物、水または他の資源の開発、利用または採掘に関連して、彼／女らの土地、領域および他の資源に影響を及ぼすいかなる事業の承認にも先立ち、先住民族自身の代表機関を通じ、その自由で情報に基づく合意を得るため、当該先住民族と誠実に協議かつ協力する。
3．国家は、そのようないかなる活動についての正当かつ公正な救済のための効果的仕組みを提供し、環境的、経済的、社会的、文化的またはスピリチュアル（霊的、超自然的）な負の影響を軽減するために適切な措置をとる。

第33条【アイデンティティと構成員決定の権利】
1．先住民族は、自らの慣習および伝統に従って、そのアイデンティティ（帰属意識）もしくは構成員を決定する集団としての権利を有する。このことは、先住民族である個人が、自らの住む国家の市民権を取得する権利を害しない。
2．先住民族は、自身の手続きに従って、その組織の構造を決定しかつその構成員を選出する権利を有する。

第34条【慣習と制度を発展させ維持する権利】先住民族は、国際的に承認された人権基準に従って、自らの組織構造およびその独自の慣習、精神性、伝統、手続き、慣行、および存在する場合には司法制度または慣習を促進し、発展させ、かつ維持する権利を有する。

第35条【共同体に対する個人の責任】先住民族は、自らの共同体に対する個人の責任を決定する権利を有する。

第36条【国境を越える権利】
1．先住民族、特に国境によって分断されている先住民族は、スピリチュアル（霊的、超自然的）、文化的、政治的、経済的および社会的な目的のための活動を含めて、国境を越えて他の民族だけでなく自民族の構成員との接触、関係および協

力を維持しかつ発展させる権利を有する。
　2．国家は、先住民族と協議および協力して、この権利の行使を助長し、この権利の実施を確保するための効果的な措置をとる。

第37条【条約や協定の遵守と尊重】
　1．先住民族は、国家またはその継承者と締結した条約、協定および他の建設的取決めを承認し、遵守させ、実施させる権利を有し、また国家にそのような条約、協定および他の建設的取決めを遵守し、かつ尊重させる権利を有する。
　2．この宣言のいかなる規定も、条約や協定、建設的な取決めに含まれている先住民族の権利を縮小または撤廃するものと解されてはならない。

第38条【国家の履行義務と法整備】国家は、本宣言の目的を遂行するために、先住民族と協議および協力して、立法措置を含む適切な措置をとる。

第39条【財政的・技術的援助】先住民族は、本宣言に掲げる権利の享受のために、国家からおよび国際協力を通じての資金的および技術的な援助を利用する権利を有する。

第40条【権利侵害に対する救済】先住民族は、国家もしくはその他の主体との紛争および争議の解決のための相互に正当かつ公正な手続きを利用し、迅速な決定を受ける権利を有し、また自らの個人的および集団的権利のすべての侵害に対する効果的な救済を受ける権利を有する。そのような決定には、当該先住民族の慣習、伝統、規則、法制度および国際人権を十分に考慮しなければならない。

第41条【国際機関の財政的・技術的援助】国際連合システムの機関および専門機関ならびにその他の政府間機関は、特に、資金協力および技術援助の動員を通じて、本宣言の条項の完全実現に寄与するものとする。先住民族に影響を及ぼす問題に関して、その参加を確保する方法と手段を確立する。

第42条【宣言の実効性のフォローアップ】国際連合および先住民族問題に関する常設フォーラムを含む国連機関、各国に駐在するものを含めた専門機関ならびに国家は、本宣言の条項の尊重および完全適用を促進し、本宣言のフォローアップ（追跡措置）を行う。

第 43 条【最低基準の原則】本宣言で認められている権利は、世界の先住民族の生存、尊厳および福利のための最低限度の基準をなす。

第 44 条【男女平等】ここに承認されているすべての権利と自由は、男性と女性の先住民族である個人に等しく保障される。

第 45 条【既存または将来の権利の留保】本宣言中のいかなる規定も、先住民族が現在所有している、もしくは将来取得しうる権利を縮小あるいは消滅させると解釈されてはならない。

第 46 条【主権国家の領土保全と政治的統一、国際人権の尊重】
 1．本宣言のいかなる規定も、いずれかの国家、民族、集団あるいは個人が、国際連合憲章に反する活動に従事したり、またはそのような行為を行う権利を有することを意味するものと解釈されてはならず、もしくは、主権独立国家の領土保全[7]または政治的統一を全体的または部分的に、分断しあるいは害するいかなる行為を認めまたは奨励するものと解釈されてはならない。
 2．本宣言で明言された権利の行使にあたっては、すべての者の人権と基本的自由が尊重される。本宣言に定める権利の行使は、法律によって定められかつ国際人権上の義務に従った制限にのみ従う。そのような制限は無差別のものであり、もっぱら他者の権利と自由への相応の承認と尊重を確保する目的であって、民主的な社会の公正でかつ最も切実な要求に合致するためだけに厳密に必要なものでなければならない。
 3．本宣言に定められている条項は、正義、民主主義、人権の尊重、平等、非差別、よき統治、および信義誠実の原則に従って解釈される。

【市民外交センター仮訳　2008 年 7 月 31 日】
改訂　2008 年 9 月 21 日

7　原語は"territorialintegrity"。その他の部分では"territory"をすべて「領域」と訳したが、この部分については「領土保全」が日本語訳として定着しているため、「領土」とした。

2. 国連人種差別撤廃委員会から日本政府に送られた総括所見（最終見解）

―琉球・沖縄関連の勧告を抜粋―
＊文頭の番号は段落番号

[2001年4月27日 国連文書番号 CERD/C/304/Add.114]

7. 人口の民族的構成の確定に際して生ずる諸問題についての締約国の見解に留意する一方で、委員会は、締約国の報告書にはこの点に関する情報が欠如していると認定する。締約国が次回の報告書において、委員会の報告書作成ガイドラインが求めるところに従い、人口構成の十分に詳細な情報、とくに、コリアン・マイノリティ、部落民および沖縄人集団を含む、条約の適用対象となるすべてのマイノリティの状況を反映した経済的および社会的指標に関する情報を提供するよう勧告する。沖縄の住民は、独自の民族集団であることを認められるよう求め、この島が置かれている現状が沖縄住民に対する差別行為をもたらしていると主張している。

訳：反差別国際運動（IMADR-JC）監訳：村上正直

[2010年4月6日 国連文書番号 CERD/C/JPN/CO/3-6]

21. 委員会は、ユネスコがいくつかの琉球言語、ならびに、沖縄の人びとの独自の民族性、歴史、文化および伝統を認識していること（2009年）を強調しつつも、沖縄の独自性について当然に払うべき認識に関する締約国の態度に遺憾の意を表明するとともに、沖縄の人びとが被っている根強い差別に懸念を表明する。委員会は、さらに、沖縄への軍事基地の不均衡な集中が、住民の経済的、社会的および文化的な権利の享有に否定的な影響を与えているという、「現代的形態の人種主義に関する特別報告者」の分析を繰り返し表明する（第2条、第5条）。

　　委員会は、締約国に対し、沖縄の人びとの権利を促進し、および適切な保護措置政策を確立するため、沖縄の人びとが被っている差別を監視するために沖縄の人びとの代表者との幅広い協議を行なうよう奨励する。

25. 委員会は、条約が保護する諸集団が日本社会に対して行なっている貢献について正確なメッセージを伝えるために教科書を改訂することについて、締約国が不十分な措置しかとってきていないことに懸念を表明する（第5条）。

　委員会は、締約国が、マイノリティの文化や歴史をよりよく反映するよう既存の教科書の改訂を行なうこと、および、締約国が、マイノリティの歴史や文化についての書籍その他の出版物（マイノリティが話す言語で著されたものを含む。）を奨励することを勧告する。特に、委員会は、締約国に対し、義務教育のなかでアイヌ語および琉球語を用いた教育、および両言語についての教育を支援するよう奨励する。

監訳：村上正直
翻訳協力：財団法人アジア・太平洋人権情報センター／移住労働者と連帯する全国ネットワーク／財団法人北海道アイヌ協会／反差別国際運動日本委員会（IMADR-JC）

[2014年9月26日　国連文書番号 CERD/C/JPN/CO/7-9]

21. 委員会は、ユネスコが琉球・沖縄人の固有の民族性、歴史、文化および伝統を承認しているにもかかわらず、締約国が琉球・沖縄人を先住民族として承認していないという見解をとっていることに懸念を表明する。沖縄に関して、沖縄振興特別措置法と沖縄振興計画に基づき、締約国により講じられ、実施されている措置に留意する一方で、委員会は、琉球・沖縄人の権利の保護に関して、琉球の代表者と協議するための措置が十分に講じられていないことに懸念を表明する。委員会はまた、消滅の危機にある琉球諸語を保護し、促進することが十分に行われていない旨の情報、および教科書が琉球民族の歴史と文化を十分に反映していない旨の情報に懸念を表明する（第5条）。

　委員会は、締約国がその見解を見直し、琉球人を先住民族として認めることを検討し、それらの者の権利を保護するための具体的な措置を講じることを勧告する。委員会はまた、締約国が、琉球の権利の促進と保護に関連する問題について琉球の代表者との協議を向上させることを勧告する。委員会はさらに、締約国が琉球諸語を消滅の危機から保護するために講じられる措置の実施を迅速化し、琉球民族が自身の言語で教育を受けることを促進し、学校のカリキュラムで使用される教科書のなかにこれらの者の歴史と文化を含めることを勧告する。

24. 委員会は、締約国によって提供された情報に留意しつつ、締約国がマイノリティや先住民族に属する子どもたちに対する、マイノリティの言語での教育およびその言語の教授の促進のために十分な対策を講じていないことを遺憾に思う。委員会は、本条約により保護されている日本の集団の歴史、文化および貢献を適切に反映させるために、既存の教科書を改定するためにとられた措置に関する情報が不足していることを懸念する（第5条）。

    委員会は、締約国が、マイノリティおよびアイヌ民族や琉球民族を含む先住民族に属する子どもたちに対する、マイノリティの言語による教育およびその言語の教授を促進するよう勧告する。委員会は、締約国が、本条約により保護されている日本の集団の歴史、文化および貢献を反映していない教科書を改定するよう勧告する。

訳：人種差別撤廃 NGO ネットワーク（ERD ネット）監訳：村上正直

3. 現代的形態の人種主義、人種差別、外国人嫌悪および関連する不寛容に関するドゥドゥ・ディエン特別報告者による日本への公式訪問に関する報告書（勧告）

―琉球・沖縄関連抜粋―

2006年1月24日　国連文書番号 E/CN.4/2006/16/Add.2
※文頭の番号は段落番号。

要旨

　現代的形態の人種主義、人種差別、外国人嫌悪（Xenophobia）[1]および関連する不寛容に関する特別報告者は、その責務に基づき、2005年7月3日から11日に日本を訪問した。特別報告者は、カースト類似の身分制度の結果生じたマイノリティ、先住民族、旧日本植民地出身者およびその子孫、外国人ならびに移住労働者を含むさまざまなマイノリティ集団に影響を及ぼしている差別の要因について、評価を行なった。

　特別報告者は、日本には人種差別と外国人嫌悪が存在し、それが3種類の被差別集団に影響を及ぼしているとの結論に達した。その被差別集団とは、部落の人びと、アイヌ民族および沖縄の人びとのようなナショナル・マイノリティ[2]、朝鮮半島出身者・中国人[3]を含む旧日本植民地出身者およびその子孫、ならびにその他のアジア諸国および世界各地からやってきた外国人・移住者である。このような差別は、第一に

1　Xenophobiaとは、一般に外国人に対する嫌悪・恐怖心を意味し、多くの場合、人種主義（racism）と並列して用いられる。「外国人排斥」、「排外主義」など多様な訳語があるが、「排斥」は明確に表出された感情・行為であるのに対し、「嫌悪」はそうした感情・行為に加えてはっきりと表に出てこない感情をも含む概念であると解釈し、ここでは「外国人嫌悪」とした。
2　一国内、もしくはある領域内における一定の少数者集団を表わす言葉。類似の概念として「エスニック・マイノリティ」(ethnic minority) があるが、国連等の文書でも厳密な定義にもとづく使い分けが行なわれているわけではなく、日本語訳も定まっていないため、ここは「ナショナル・マイノリティ」とした。
3　台湾を含むと解される。

社会的・経済的性質を帯びて表れる。すべての調査は、マイノリティが教育、雇用、健康、居住等へのアクセスにおいて周辺化された状況で生活していることを示している。第二に、差別は政治的な性質を有している。ナショナル・マイノリティは国の機関で不可視の状態に置かれている。最後に、文化的・歴史的性質を有する顕著な差別があり、それは主にナショナル・マイノリティならびに旧日本植民地出身者とその子孫に影響を与えている。このことは主に、これらの集団の歴史に関する認識と伝達が乏しいこと、およびこれらの集団に対して存在する差別的なイメージが固定化していることに現れている。

公的機関がとってきた政策および措置については、特別報告者は、一部のマイノリティのいくつかの権利を促進する法律がいくつも採択されたことを歓迎する。しかし同時に、人種差別を禁止し、かつ被害者に司法的救済を提供する国内法がないことに、懸念とともに留意するものである。

最後に、特別報告者は、以下の事項を含むいくつかの勧告を行なう。

・日本における人種差別の存在を認め、かつそれと闘う政治的意志を表明すること。
・差別を禁止する国内法令を制定すること。
・人種、皮膚の色、ジェンダー、世系（descent）、国籍、民族的出身、障害、年齢、宗教および性的指向など、現代的差別における最も重要な分野を集約した、平等および人権のための国家委員会を設置すること。
・歴史の記述の見直しおよび歴史教育のプロセスに焦点を当てること。

I．一般的背景
B．歴史的および社会的文脈

沖縄の人びと

6. 14世紀から沖縄の人びとにより維持されてきた「琉球王国」は、1879年に日本政府に征服され、併合された。これにより、琉球の地域言語、伝統的な慣習、信仰および生活様式の禁止など、多くの植民地主義的・同化主義的政策が生み出された。1972年以降、日本における米軍基地の大多数が、日本国土の0.6パーセントに過ぎない沖縄に集中し、環境ならびに沖縄の人びと固有の文化・慣習に影響

を及ぼしている。

Ⅱ．公的機関の政治的・法的戦略
C．沖縄の人びと

27. 政府は沖縄を対象とする一連の措置をとってきている。これには、本土との経済的格差の縮小を目的とする「沖縄振興計画」の策定、全閣僚および沖縄県知事から構成され、沖縄に関する基本政策について審議する沖縄政策協議会の設置、2002年の沖縄振興特別措置法の制定が含まれる。

Ⅲ．関連する集団による自らの状況の提示
C．沖縄の人びと

51. 沖縄の人びとは、自分たちは1879年の（琉球）併合の時から差別的な政府の政策に苦しんでいると説明している。沖縄の人びとは、自分たちの島およびその将来に影響を及ぼす決定について協議の対象とされることがめったにない。沖縄の人びとが現在耐え忍んでいる最も深刻な差別は、沖縄に駐留している米軍基地と結びついたものである。政府は「公益」の名の下に米軍基地の存在を正当化している。しかし沖縄の人びとは、自分たちは軍事基地によって引き起こされる事態に日常的に苦しめられていると説明した。それは、米空軍基地の恒常的な騒音、軍用機やヘリコプターの墜落事故、誤射・誤爆事故、油による汚染、空軍演習による火事、米軍人による犯罪行為などである。軍用機やヘリコプターの騒音は法律で定められた基準を超えており、その結果、深刻な健康被害を引き起こしている。これには、学校で子どもたちが授業に集中できなかったり、授業が頻繁に中断されたりすることも含まれる。いくつもの裁判が行なわれてきたが、沖縄の人びとはほぼ常に敗訴してきた。これらの裁判のひとつでは、政府が沖縄の人びとについて差別的な発言を行なったと報告されている。沖縄の人びとは特殊な感覚の持ち主であり、通常人と異なるとするもので、大きな問題になった。

52. 1972年から2003年にかけて、沖縄では軍用機の墜落事故や軍用機からの落下物による事故が約250件あった。特に、大学構内へのヘリコプター墜落事故では、救急隊員や警察が現場から追い出され、県も事故の調査に加わることができず、

被害者は個人補償の対象とされていない。沖縄の多くの人びとは墜落事故を恐れている。また、米軍人によって女性がレイプされたり殺されたりし、また年端のいかない女子児童が性的嫌がらせを受けたりする事件がいくつか発生している。これらの事件発生時、政府は適切な措置をとると述べたが、その後、なんら対応はとられなかった。

53. その結果、沖縄の人びとのなかには、恒常的な人権侵害に終止符を打つために沖縄が独立領になることを望む者もいる。

Ⅳ. 特別報告者による分析と評価

69. すべての関係する者の意見を聞いて分析した結果、特別報告者は次のような結論に達した。すなわち、日本には人種差別と外国人嫌悪が確かに存在し、それは3種類の被差別集団に影響を及ぼしている。その被差別集団とは、部落の人びと、アイヌ民族、沖縄の人びとのようなナショナル・マイノリティ、かつて日本の植民地であった朝鮮半島や中国の出身者およびその子孫、ならびに、その他のアジア諸国および世界各地からやってきた外国人・移住者である。

Ⅴ. 勧告

82. （歴史教科書の見直し）政府は、マイノリティの歴史や近隣諸国との関係が客観性と正確さを備えた上でよりよく反映されるようにするために、歴史教科書を改訂すべきである。特別報告者は、歴史教科書のなかで、部落の人びと、アイヌ民族、沖縄の人びと、コリアンまたは中国人の歴史に割かれた部分がとりわけ削減されていることを懸念とともに認め、従って、政府に対し、忘れ去られることのない歴史、関係する人びとおよびコミュニティの関係と相互作用、ならびにこれらの集団が受けてきた差別の淵源と理由の視点から、これらの集団の歴史および文化に関する詳細な項目を含めるために、そのような教科書の改訂を進めるよう促す。日本人のアイデンティティ形成に対するこれらの集団の重要な貢献もまた強調されなければならない。また、教科書に、植民地時代および戦時に関連して日本が行なった犯罪（その責任を認めることも含む）ならびに「慰安婦」制度の設置に関する説明を記載すべきである。特別報告者は、学校教科書の内容の決定

が、国レベルでの説明責任を問われることなく行なえることを懸念する。従って特別報告者は、上記の最低限の内容上の要件が学校教科書に盛り込まれることを保障するために、学習指導要領を改訂するよう勧告するものである。さらに、この地域の国々の現在および将来の関係に対して歴史の記述および教育が与える根本的な影響に鑑み、特別報告者は、ユネスコがアフリカ、ラテンアメリカ、カリブ海諸国および中央アジアの地域的歴史を記述した精神と科学的方法論に従って、日本が、この地域のすべての国との協議およびその同意のもと、ユネスコに対してこの地域の通史の作成プロセスの開始を奨励するよう勧告する。

86. (マイノリティの政治的代表の確保)国の機関において、マイノリティが政治的に代表されることを確保すべきである。政府は、国会における代表枠の確保を求めるアイヌ民族コミュニティの要求に応じることが求められる。沖縄の人びとについても同様のことが構想されてよい。

88. (沖縄の米軍基地に関する検討)政府は、国会に対し、沖縄に米軍基地が存在し続けることは沖縄の人びとの基本的人権の尊重と両立しうるのかという問題について綿密な調査を行なうよう要請すべきである。また、沖縄の人びとの状況との関連で差別の存在を監視する、沖縄の人びとおよび政府の代表者からなる合同機関を設置することも奨励される。そのような機関は、政府がとるべき適切な措置および政策に関する勧告をとりまとめるものとなろう。

反差別国際運動日本委員会(IMADR-JC)訳　平野裕二監訳

4. 国連人権理事会　サイドイベント報告
沖縄におけるミリタライゼーションと人権侵害

小松泰介（IMADR ジュネーブ事務所国連アドボカシー担当）

　2015年9月の国連人権理事会30会期において、沖縄・辺野古での米軍新基地建設問題に関するサイドイベントを開催した。「日本の沖縄におけるミリタライゼーションと人権侵害」と題したこのサイドイベントはIMADR、市民外交センター、「沖縄建白書を実現し未来を拓（ひら）く島ぐるみ会議」（以下、島ぐるみ会議）、フランシスカンズ・インターナショナルによって同月21日に開催された。

　まず第一部冒頭にビデオを上映し、琉球王国の強制併合（琉球処分）から沖縄戦、その後のアメリカ軍による統治から続く基地を原因とする事件や事故、新基地建設に伴う環境破壊、抗議活動や報道の抑圧といったこれまでの一連の流れが参加者に紹介された。その後沖縄県の翁長知事による特別報告が続き、知事は沖縄の歴史において人びとが自ら進んで基地のために土地を提供したことは一度もないことを強調した。また、辺野古での新基地建設に反対する沖縄の人びとの意思は選挙によって示されているにもかかわらず、日本政府はそれを無視し、民主主義と沖縄の自己決定権がないがしろにされていると繰り返した。同時に、この問題に対する米国政府の責任も指摘した。

　第二部では各専門家による発表が行われた。はじめに市民外交センターの上村英明さんが沖縄の自己決定権の根拠を説明し、1855年に琉球政府と米国政府との間で「琉米修好条約」を結んでいたことをはじめ、その他の資料からも琉球王国が独立国であったことを裏付ける証拠を示した。また、公式記録から日本政府は沖縄を日本の一部としてではなく、植民地に準ずる認識をしていたことを明らかにし、琉球・沖縄の人びとの自己決定権の根拠を示した。

　次に、沖縄・生物多様性市民ネットワークの吉川秀樹さんが発表を行い、環境への影響を報告した。大量のダイオキシンを含む有害化学物質を貯蔵した米軍廃棄物の発見やベトナム戦争時の枯葉剤の貯蔵をはじめ、軍演習による騒音や自然破壊が明らかにされた。吉川さんはジュゴンも生息する豊かな生態系を育む辺野古の大浦湾に基地を建設することは環境権の侵害であると警鐘を鳴らした。

報道の自由に関し、琉球新報の潮平芳和さんが報告した。辺野古のキャンプ・シュワブゲート前で新基地建設に抗議する人びとに対する警察による強制排除や防衛局による監視および撮影は日常茶飯事であり、人びとの集会結社の自由が制限されていることが報告された。また、防衛局がキャンプ・シュワブゲート前に設置した三角形の突起が並んだ鉄板[1]によってゲートの目の前での抗議行動が出来なくなるばかりか、転倒した際に生命の危険すらある措置が行われていることを非難した。

　最後に、先住民族の権利に関する国連特別報告者であるビクトリア・コープスさんがコメントをした。自身もフィリピンの先住民族であるビクトリアさんはフィリピンに駐留していた米軍基地への反対運動に関わった経験を共有した。フィリピンでも同じように基地の存在による殺人や環境破壊、先住民族の土地のはく奪といった権利侵害が行われ、今の沖縄の状況と重なっていると指摘した。コープスさんは琉球・沖縄の人びとが自らを先住民族であると自己認識をすることが鍵になると繰り返し、そのような認識がなされた場合には「先住民族の権利に関する国連宣言」で規定された先住民族固有の権利が適用されると説明した。この宣言には自己決定権（第3条）をはじめ、先住民族に影響を与える可能性のある立法的または行政的措置に対する自由で事前の情報に基づく合意への権利（第18条）、環境有害物質の貯蔵や廃棄からの保護（第29条）、軍事活動の制限（第30条）といった基地問題と大きく関連した権利が保障されている。

　今回のサイドイベントは琉球処分から現在までの琉球・沖縄の歴史を丁寧に辿り、琉球・沖縄に対する構造的差別を国連人権理事会という国際社会の場において客観的事実に基づいて明らかにした。これをきっかけとし、基地問題を人権問題として考え、国際社会に訴える一歩としていきたい。

『部落解放』「IMADRアップデート」（2015年10月号掲載、解放出版社）

1　この鉄板について防衛局は工事車両のための「泥落とし」だと説明している。

5. 琉球・沖縄に関するIMADR通信掲載記事

先住民族の権利宣言、国連総会で採択
―― 個人・集団の広範な権利認めた画期的な国際人権文書

「先住民族の権利に関する国際連合宣言」が9月13日、ニューヨークの国連総会で採択されました。以下、その内容を概観するとともに、先住民族の権利に関する国連特別報告者であるロドルフォ・スターベンハーゲンさん（IMADR理事）と、社団法人北海道ウタリ協会理事長の加藤忠さん（IMADR／IMADR-JC理事）による談話を紹介します（編集部）。

ニューヨーク国連本部で、権利宣言などについてスターベンハーゲン特別報告者（中央）と協議を行なうアジアの先住民族（2006年）

前文23段落と本文46カ条からなる「先住民族の権利に関する国際連合宣言」（以下「宣言」）は、先住民族を「国際法上の主体」として位置づけ、先住民族が個人としても、また集団としても、国際社会が認めたあらゆる権利を享受すると明言している。具体的には、

- 自己決定権（自決権）
- 平和的生存権
- 知的所有・財産権
- 文化権
- 教育権
- メディア・情報への権利
- 経済権
- 発展の権利
- 医療・健康権
- 土地権
- 資源権
- （土地や資源の）返還・賠償・補償を求める権利
- 国際協力を受ける権利
- 越境権

などの広範な権利を、先住民族の権利として規定している。「宣言を実施する際、先住民族の高齢者、女性、若者、子ども、障害者の権利や特別なニーズについても特段の留意がなされるべき」「先住民族の女性と子どもがあらゆる形態の暴力と差別から守られるよう、国は措置をとらねばならない」（22条1項および2項）と、複合差別の観点から見て注目すべき規定をも有している。

宣言は法的拘束力は持たないものの、「人権条約に限りなく近い」とも評されるほど具体的で強力な国際基準であり、今後、先住民族の権利を推進していく上で重要な指針となることは間違いない。

ここまでの道のりは平坦ではなかった。国連人権小委員会のもとに設置された「先住民作業部会」で宣言の起草が開始されたのが1985年。それ以来、先住民族の当事者、および各国政府の間の意見対立などから、審議は遅々として進まなかった。昨年6月に始まった人権理事会の第1会期でようやく、宣言草案が採決され国連総会に送付されたものの、同年12月の国連第3委員会では一転して審議の延期が決定され、その後も修正が繰り返されて混迷が続いた。

しかし、世界各地の先住民族の代表とそれを支援する政府代表による粘り強い議論と交渉の末、ついに今年9月、合意案がまとまり、起草開始から22年の歳月を経て、賛成144カ国、反対4カ国（米国、オーストラリア、カナダ、ニュージーランド）、棄権11カ国と圧倒的多数での採択となった。日本政府も最終的に賛成票を投じたが、「独立・分離権を認めない」「集団的権利としての人権を認めない」「財産権は第三者や公共の利益との調和を優先する」との解釈宣言を付しており、問題が残る。

「先住民族の権利確立」を活動の柱の1つに掲げ、草の根から国連まで様々なレベルで活動してきたIMADRは、国内外の関係団体、とりわけ先住民族の人びととの連携のもと、この新たな国際基準の普及と活用を図っていくことが求められる。IMADR-JCとしては、アイヌ民族や沖縄の人びととともに、日本政府に対し、宣言の内容の実現に向けた具体的施策を求めていくことが今後、重要になるだろう。

（IMADR事務局）[1]

国際人権機構の強化に向けた前進の一歩

先住民族の人権状況と基本的自由に関する国連特別報告者
ロドルフォ・スターベンハーゲン
（2007年9月14日、ジュネーブ）

国連総会による「先住民族の権利宣言」の採択は先住民族にとって喜ばしいことです。同「宣言」は先住民族にとって、その根本にかかわる記念碑的出来事であり、先住民族が国際人権システムの構築にいかに重要な貢献をしてきたかを象徴するものです。「宣言」は、

先住民族の権利の内容に関する国際的な合意の高まりを反映しています。これは国連加盟国、先住民族の代表、および人権団体の間で、の20年以上にわたる話し合いの成果です。「宣言」は、先住民族の権利が国内法や国際法文書の中で、そして国際人権機関によるその実施を通じて、次第に確定的なものになっていくのにともない、先住民族の権利の内容にかかわる国際的な合意も高まっていったことを反映しています。近年、先住民族は人権擁護の分野で重要な主体となってきています。先住民族は、自分たちの住む国家と、国際連合をはじめとする国際的な議論の場の双方に声を届けることに成功しています。彼らが長きにわたり行なってきた、自分たちの人権が歴史的に侵害されてきたとの証言は、多くの国々の良心に訴えかけました。

宣言は、先住民族が個人としても集団としても、すでに国際的に認められているあらゆる権利を享受することを再確認しています。それはまた、先祖伝来の資源を長らく奪われてきた被差別民族としての彼らをとりまく特有の状況に、各国政府および国際社会はとくに注目しなければならない、ということを明言するものでもあります。先住民族が祖先から受け継いだ土地や領土は、彼らの集団としての存在、その文化、その精神性の基盤となっています。宣言はこの両者の緊密な関係性を、彼らが自分たちの住む国家において民族自決権を持つという枠組みの中で、明言しているのです。

国連総会による「先住民族の権利宣言」の採択は、すべての人の人権を守るための国際機構の強化に向けた、前進の一歩です。そして、すべての人の人権を守る責任は、すべての国連加盟国が負っているのです。

（Rodolfo Stavenhagen／翻訳：IMADR事務局）

国連「先住民族常設フォーラム」会場にて。右から北海道ウタリ協会加藤理事長、通訳の筒井さん、阿部副理事長
（2007年、ニューヨーク）

宣言に基づき、アイヌ民族に残された課題の法的解決を

社団法人北海道ウタリ協会 理事長
加藤 忠
（2007年9月14日、札幌市での記者会見にて ―部抜粋）

採択の知らせを受けて

第61会期国連総会において「先住民族の権利に関する国際連合宣言」が採択されたことは記念すべき歴史的出来事であり、先住民族の人権進展に大きく寄与するものと思います。

国際連合の存在意義を実感として受け止めることができました。

長い年月、先祖がこうむった苦悩を断ち切り、希望を語る証として、この採択の喜びを世界3億7000万人を超える先住民族の仲間と分かち合いたいと思います。

とくに、国家との間に条約締結など法的拠り所を持っていないアイヌ民族のような先住民族には、過去の「帝国（植民地）主義」からの解決（ポストコロニアリズム）の道筋が示されたのだと考えています。

今後の期待

日本政府は、アイヌ民族をこの宣言の先住民族（インディジナス・ピープルズ）とはいまだ認めてはおりません。このように国際基準が確定されたことから、今後、国の高いレベルでの審議機関を設置し、アイヌ民族を先住民族と認め、現行のアイヌ文化振興法に止まることなく宣言内容に含まれている経済的、社会的諸権利をもとにアイヌ民族の残された課題を法的措置により解決していくことにより、真の人権国家へと進展していくことを期待しています。

今後の取り組みほか

昨年、今年と先住民族認知について、政府高官に衆参両議院議員に、さらには北海道知事、北海道議会議員に働きかけて参りました。

先住民族アイヌの認知は、道外にも仲間もおり地域北海道の問題ではなく、近代国家成立過程における日本の基本的な歴史や政治、人権文化の問題でもあります。

第3回定例道議会開催中に、北海道知事と北海道議会に要請し、政府への働きかけを願う要望書を提出してもらう予定でおります[2]。

まずは、道民一丸となり、さらに全国に呼びかけ、政府の先住民族認知に向けて引き続き理解と支援を求めていきたい。

昨年12月20日、北海道ウタリ協会から内閣官房長官、外務大臣に先住民族の認知、審議機関を設置し残された課題の法的措置の検討をするよう要望しており、引き続きその実現を求めていく所存です。

（かとうただし）

[1] 参考文献：上村英明「『先住民族の権利に関する国連宣言』採択の意味」(『世界』2007年11月号、岩波書店)
[2] 2007年10月5日、道議会は「国においては、先住民族の権利に関する国連宣言の趣旨を踏まえ、同「宣言」におけるアイヌ民族の位置づけや盛り込まれた権利について審議する機関を設置するよう要望する」との趣旨の意見書を全会派一致で採択した。

沖縄に対する差別の撤廃を求めて
——国連勧告の実施に関する政府との対話

2月14日午後2時より、参議院議員会館会議室において、2010年3月人種差別撤廃委員会（CERD）が出した沖縄に関する勧告（日本審査総括所見：CERD/C/JPN/CO/3-6）に関する院内集会を開催した。主催は人種差別撤廃NGOネットワーク（ERDネット）と琉球弧の先住民族会であった。 （編集）

集会は6人の国会議員の賛同をえた：糸数慶子参議院議員（無所属）、今野東参議院議員（民主）、照屋寛徳衆議院議員（社民）、遠山清彦衆議院議員（公明）、服部良一衆議院議員（社民）、山内徳信参議院議員（社民）。政府との協議の土台となったCERD勧告は以下の通りである：

CERD勧告：
パラ21. 委員会は、締約国に対し、沖縄の人びとの権利を促進し、および適切な保護措置および政策を確立するため、沖縄の人びとが被っている差別を監視するために沖縄の人びとの代表者との幅広い協議を行なうよう奨励する。

パラ25. 委員会は、締約国が、マイノリティの文化や歴史を反映するような既存の教科書の改訂を行うこと、および、締約国が、マイノリティの歴史や文化についての書籍その他の出版物（マイノリティが話す言語で記されたものを含む）を奨励することを勧告する。とくに、委員会は、締約国に対し、義務教育の中でアイヌ語および琉球語を用いた教育、および両言語についての教育を支援するよう奨励する。

これら勧告は沖縄の人びとが長年求めてきた声を代弁している。国会議員とNGO関係者（IMADRを含むERDネット関係者および、琉球弧の先住民族会より代表の宮里護佐丸さんと当真嗣清さん）が参加する中、文部科学省、外務省、防衛省、内閣府よりそれぞれ担当官が出席して、議員やNGOからの質問と要請に答えた。NGOが出した要請は次の通りである：①沖縄固有の民族性、歴史、文化、伝統そして琉球言語を認め、保護・奨励するための措置をとること、②沖縄の人びとの経済的、社会的、文化的権利の著しい侵害を招いている沖縄への不均衡な米軍基地の集中を是正すること、③幅広い住民代表との協議を通して、歴史的に続く沖縄への根強い差別の実態を調査すること。

民族・文化・言語の独自性について、政府は『沖縄の言語を「方言」なのか「言語」なのかと定義することは行政組織としてはできない。沖縄文化は日本の多様な文化の一つであると認識しており、固有の文化とは認識していない。琉球の言語は消滅の危機にあることは承知しており、調査をしている』と述べるにとどまり、NGOからの沖縄の公教育の中で琉球言語を教えるなどの要請にはこたえなかった。このやりとりから、NGOは『政府はなぜ危機言語になったのか、その背景を調べるべきだ。明治政府は沖縄に軍隊を送り、徹底した皇民化教育と軍事教育を行い、琉球の言語や文化は価値が低いという認識を人びとに植えつけた』と批判した。

不均衡な米軍基地の集中の是正について、議員側から『日米地位協定に沖縄に基地を置くなどとはどこにも書かれていない。基地は抑止力になるというが、それは本土の日本国民のためではないのか。応分の義務負担ということであれば、人口1%、面積0.6%しか占めない沖縄になぜ基地が集中するのか。協定はアメリカと沖縄県民が話しあって決めるべきだ』と断言した。NGOから、「沖縄の新聞社の県民調査によれば40%の県民が、『復帰40年、沖縄と本土の格差は今なお残り、その最大は基地負担である』と感じていることが明らかになった。これは基地に脅かされているという危機意識からくるものだ」と訴えた。

琉球弧の先住民族会から各担当大臣宛の要請文を政府担当者に手渡して、院内集会は終わった。参加者は国会議員、議員秘書、各省庁担当者、NGO、ジャーナリストを含み40人であった。大きな課題への挑戦の第一歩となった。

院内集会の様子

沖縄復帰40年 日本にとっての沖縄を考える

2月14日午後に開かれた院内集会に続き、同日夜、琉球弧の先住民族会、市民外交センター、そしてIMADR-JCの共催で「沖縄復帰40年 日本にとっての沖縄を考える」と題した集会を松本治一郎記念会館で開催した。問題提起として琉球弧の先住民族会の当真嗣清さんと宮里護佐丸さんが報告を行ない、それを受けて参加者との意見交換が行われた。その概要を報告する。　　　　　　　　　　(編集)

はじめての院内集会　当真嗣清さん

東京に出てきてこうした院内集会を行うのは初めてだった。皆さんの助けをえて終えることができた。文部科学省、防衛省、内閣府そして外務省に要請書を手渡すことができた。日本政府は外圧に弱いので、国連勧告も有効ではないかと思った。1月、沖縄の国会議員や県議会・市議会の議員と学生代表が「米軍基地に苦しむ沖縄の声」を届けるために訪米し、23日にケイトー研究所のダグ・バンドー氏と面談した。バンドー氏はさっそく米誌『フォーブス』に、「沖縄に米軍基地を置き続けることは皆なにとって(沖縄、日本政府、米政府)不幸である。沖縄を沖縄人(ウチナーンチュ)に返せ。」という論説を出した。今後も国会議員や政府への働きかけを続けたい。

ウチナーグチで話します　宮里護佐丸さん

昨年10月、沖縄とグァムの脱植民地化をめざす集会が沖縄で開かれ、グァムの代表も沖縄の代表も自分たちの言葉で話した。参加者のアンケートのひとつに、「宜野湾に移住して10年。グァムの人には日本語の通訳がついたのに、なぜ沖縄の人には通訳はつかなかったのか」の一文が書かれていた。そこに、"沖縄が自分たちに合わせるのが当然"という植民者の目線を感じた。沖縄にいるなら沖縄の言葉を理解してほしい。今日は日本にいるので私はウチナーグチ(琉球諸語の沖縄語)で話し、友人に通訳をしてもらう。沖縄では米軍関係から生じる人権問題が多く発生しており、私たちは日々それら問題に対処している。もう一つの問題は「沖縄の中にいる日本人」だ。先日、辺野古に行った。そこに立っていたら日本人と思える女性が近寄ってきて「辺野古は初めて?」「この時期は雨が多いけどすぐやむから、スコールみたいなものよ」と話しかけてきた。私は「沖縄の冬は雨が多くてずっとこんな感じ。スコールみたいなのは夏だけでしょ」と言うとその人は去って行った。沖縄のことは沖縄の人よりよく知っているといわんばかりの日本人がいる。沖縄の平和運動の中心に日本人が多くいて、沖縄の人は遠慮してあまり物を言わないときいている。この構図は他の場面でもみられる。私の子どもが通っている首里の幼稚園の先生が「子どもたちに沖縄の空手を教えている」といった。首里は伝統的な空手の町でたくさん道場がある。その空手を見たら、沖縄の空手ではなく日本からの空手であった。沖縄の人間が沖縄の文化を軽んじるために、文化はどんどん失われていく。それを見て、「沖縄にはよいものがいっぱいある。大事にしなくちゃ」という日本人がたくさんいる。もちろん沖縄で私たちと一緒に活動している日本人もたくさんいる。感謝している。誤解を恐れず、日々感じていることを言わせていただいた。「自国が他国に迷惑をかけないよう、足元を正す」ことが大事なのではないかと考える。

意見交換

◆東京で「辺野古に基地は作らせない」と運動をしている人たちは、「県外移設」に必ずしも賛成ではない。「移設先を選ぶときヤマトの中で力の弱いところに押しつけるだろう。だからヤマトと言うな」という。しかし、沖縄のことを考えれば、いったんヤマトでひきとって、次に沖縄と力をあわせてアメリカへ返すことができるのではないか。

◆戦中に沖縄から東京へ移った。年に1度ほど沖縄に帰る。同窓会で、「元気か？何を食べる？」など簡単な会話をウチナーグチでやっても、沖縄にいる友人からは日本語でしか返ってこない。私も東京へ出てきた最初の20年は沖縄の言葉を話さなかった。あるきっかけで話すようになり、自分の中でちゃんと残っていることを確認できた。今、沖縄の子どもたちはTVで育っている。沖縄の言葉を話さない。そのような中、沖縄でウチナーグチをとり戻せるだろうか不安だ。

◆基地問題と沖縄の文化、言語、先住民族性の問題は根っこのところでつながっている。日本と沖縄の根本的な関係性を一度ばらばらにして、整理をする。「矛盾をさらけ出す」作業が必要だ。

ジュネーブからの便り
沖縄に関して国連　緊急行動をとる

白根 大輔（IMADRジュネーブ事務所）

　2012年2月はじめ、「琉球弧の先住民族会」、「沖縄生物多様性ネットワーク」、反差別国際運動の3団体が共同で国連人種差別撤廃委員会（以下、委員会）に対して情報提供を行い、沖縄の辺野古・大浦湾、高江地区における米軍基地とヘリパッド建設に関し、委員会の早期警戒・緊急行動手続きの下で状況を審査し早急な措置をとるよう要請した。この情報提供を受け、委員会はその第80会期（2012年2月13日～3月9日）最終日、日本政府に対し、懸念事項についての情報を提供するよう促す書簡を採択、送付した。加えて、この一連の動きの中で市民外交センターの貴重な協力が少なからずあったこともここに記しておきたい。

　この手続きは1993年に開始されたもので、「人種差別撤廃条約（以下、条約）」の深刻な違反、特に紛争や暴力などにつながる恐れのある状況に関し、関係政府などに対する勧告等を通じてその発生、もしくはエスカレートするのを防ぐという目的を持って運用されている。この手続き設置の背景には、それまでの紛争や虐殺事件をうけ、1992年に当時の国連事務総長が出した報告書（国連文書番号：A/47/277-S/24111）や同年の国連総会決議（決議番号：47/120）で、そのような防止的措置の必要性が確認されたことがある。これまでCERDは民族紛争や衝突、少数民族や先住民族の権利の深刻な侵害、差別などに関し、オーストラリア、アメリカ、カナダ、イスラエル、ブラジル、チリ、コスタリカ、インドやエチオピアなど、延べ50以上の国の状況を審査し、勧告や決断等を出している。昨年はリビアとシリアの状況に関して2つの声明も出された。また2010年にはヨーロッパで広がったロマの人々に対する差別と人権侵害、暴力のエスカレートに鑑み、史上初めて特定の国政府ではなく、欧州連合と欧州評議会という二つの地域機関にも書簡が出されている。ちなみに現在9つの国際人権条約があり、それぞれの各締約国での履行状況を監視するために設置されている10の条約機関（委員会）の中でこのような権限を持っているのは人種差別撤廃委員会のみだ。昨年12月に発効した「強制失踪からすべての人を保護するための条約」を監視している委員会には失踪した人の行方捜索に限り技術的には似たような「緊急行動」機能がある。

　少々話がそれたが、今回委員会に提出されたNGOからの要請で特に強調されたのは、国際条約下で規定・保護された先住民族としての琉球民族の権利に照らし合わせ、沖縄への極度の基地集中は明らかな差別であること、騒音や爆音被害など米軍基地に関わる諸問題には人権侵害が含まれること、辺野古・大浦湾と高江地区の基地とヘリパッド建設計画進行に関し日・米政府による民意に反した強行は自決権等の侵害であり、計画が実行に移されれば更なる深刻な人権侵害と環境破壊を生むということだった。これら人権侵害、環境破壊を防ぐため、また日・米両政府により長きにわたり続いてきた沖縄に対する差別的政策や実践に終止符を打つため、NGOは共同で委員会に対し、沖縄・琉球民族の状況を緊急に審査し、日・米両政府へ基地建設の計画中止を含めた早急な措置をとるよう勧告するよう要請した。またこのNGO要請文では琉球民族、沖縄に対する差別と人権侵害の歴史的背景、基地集中の経緯、SACO（沖縄に関する特別行動委員会）合意と基地建設計画、辺野古・大浦湾と高江の現状、政府による条約違反などについての詳細が示され、関連資料も提出された。

米軍立ち入り禁止のフェンス（沖縄辺野古周辺にて）

資料編5　琉球・沖縄に関する記事

この情報提供を受け、委員会から3月9日付で在ジュネーブ日本代表部に送付された書簡では、環境や人々の生活に深刻な影響を及ぼすという現地住民の声、反対にもかかわらず強行されようとしている基地とヘリパッドの建設、民意がくみ取られていない計画の進行などについての委員会の懸念が表明され、日本政府が二つの計画の現状と琉球民族の権利を守るためにとられている措置についての情報を、2012年7月31日までに提出するよう求められている。加えてこの書簡の中で委員会は、沖縄の人が直面する差別に関して委員会が懸念を表明した2010年の日本政府への勧告に注意を促している他、米軍基地の極度の集中は住民の人権享有に悪影響を及ぼす可能性があるとした2006年のドゥドゥ・ディエン国連特別報告者の報告にも言及している。この背景には、日本政府がこれまで委員会による2度の審査、また実際に現地訪問を行った国連専門家による報告で沖縄・琉球に関して勧告が出されているにもかかわらず、その履行のために何ら決定的な行動をとっていない、という事実があることを指摘しておきたい。委員会は今後、日本政府から提出される（であろう）情報と、委員会独自に収集する情報、NGO情報を基に、2012年8月6日～31日まで開催される第81会期中で、この案件について本格的な審査を行う。

　一方で、2010年の委員会の勧告では、沖縄の独特な民族性、歴史、文化、伝統についても指摘されており、沖縄の人の権利の促進と保護のため、そのために適切な措置や政策作成のため、沖縄の代表者と広範な協議を行うようにともされている。さらにこの勧告は委員会により、そのフォローアップ制度の対象とされ、日本政府はこの勧告の履行状況について1年以内に情報を提供するよう要請されていた。しかし1年後に日本政府が出した情報は、それまで出し続けている全般的な常套文句が並ぶだけで、委員会勧告を受けて新たにとられた措置については何もなかった。これに対し、委員会は日本政府に対し、2011年9月2日付で再び書簡を送り、沖縄に対する差別のモニタリングやそれに取り組むための行動が何らとられていないことを指摘し、特に経済、社会、文化権の分野において、沖縄と本土の間の平等がどれだけ達成されているのか明確にするよう要請している。ちなみに2010年審査の際、日本にはこれ以外にもう二つフォローアップ制度の対象となった勧告が出されていた。独立した国内人権機関・人権擁護法・法的な苦情申立手続きの設置に関するものとアイヌ民族の権利実現に関するものである。しかし残念なことに、というかむしろ情けないことに、これらの勧告についても日本政府から出されたフォローアップ情報には何ら身のあるものは含まれておらず、逆に委員会からさらなる勧告を受けている。これら2011年の委員会書簡で出された勧告の履行についての情報は、日本政府が委員会に提出する次回の定期報告書に含めるよう求められている。この報告書は提出期限は2013年1月14日、委員会による3回目の日本審査の基盤となる。

　これまでの委員会の書簡や勧告に対して、日本政府はどのような「見解」と「情報」を提供するのだろうか。そして委員会はどのような判断を出すのだろうか。委員会からの勧告に法的拘束力はない、そのためその勧告を履行せずとも日本政府が罰を受けるわけでもない。一見、この委員会による勧告は現実の社会に、沖縄の明日にどれだけの影響力を持っているのか、と疑問に思う。確かに一つの委員会からたった一度だけ出された勧告の持つ効力は小さいかもしれない、それは現場にとってとても遠いものかもしれないし、当事者にとってほとんど役に立たないかもしれない。しかし勧告が続いたらどうだろう、人種差別撤廃委員会の他のさまざまな国連人権機関から出されたらどうだろう。そして国連機関への一連の働きかけ・活用が、国内、草の根のそれと緊密に連動していたら…。先住民族の権利、女性の権利、子どもの権利、社会権、…。差別、歴史、基地問題、不平等条約、…。人権という観点から国際基準を使い沖縄を捉えなおし、当事者の声を現場からあちこちに届ける。国際社会において、さまざまな角度から沖縄に関わる問題を可視化し、日本政府の持つ責任を浮き彫りにしていく。今年だけ見ても、6月と9月には第20,21会期人権理事会がある、7月には先住民族の権利に関する専門機関年間会合、8月はCERD、10月にはUPRの日本審査が控えている。その役割をしっかり果たせない政府に対し、市民社会による国連人権システムはどんどん活用できる。

(しらねだいすけ)

特集 マイノリティ女性フォーラム in 沖縄

マイノリティ女性 ── 復帰40年の沖縄に集う

　沖縄復帰40年にあたる今年、6月16日から18日までの3日間、IMADR-JCの主催による第3回マイノリティ女性フォーラムが沖縄で開催された。「沖縄女性と共に考える沖縄復帰40年」というテーマのもと、アイヌ女性、部落女性、在日朝鮮人女性、沖縄女性を含む約90人が集まった。

　16日は那覇市歴史博物館で展示中の「沖縄戦と日本軍『慰安婦』」を見たあと、同展示会場のギャラリーで「基地・軍隊を許さない行動する女たちの会」共同代表の髙里鈴代さんの講演『日本軍「慰安婦」と今～なぜ沖縄から問い直すのか』」を聞いた。戦争中、日本軍は沖縄全土に延べ135カ所に及ぶ「慰安所」を設置し、朝鮮半島を中心に多数の女性たちを「慰安婦」として連れてきた。戦前、戦中そして戦後を通して、日本および米国の国家装置による性暴力に女性たちが曝されてきたことを、高里さんたちの運動は明らかにしてきた。

　17日は女性たちが一堂に会したフォーラムの日であった。高里鈴代さんの「基地・植民地支配を超えて つむぎあう女性たち」と題する講演に続き、同じく「基地・軍隊を許さない行動する女たちの会」の源啓美事務局長の話を聞いた。源さんは、沖縄の女性たちが、1985年から10年間、毎年「うない（姉妹）フェスティバル」を開き、顔の見える関係づくりをして主義主張を超えた女性たちのネットワークの広がりをつくってきたと報告した。次いで、マイノリティ女性フォーラムを構成するグループである部落、アイヌ、在日朝鮮人女性の代表がそれぞれが抱える課題とその取り組みについて報告をした。休憩をはさんで、琉球弧の先住民族会のメンバーから話を聞き、意見交換を経たのち、フォーラムは閉会となった。終了後、フォーラム参加者らはバスに乗り、ひめゆりの塔、沖縄平和祈念資料館、そして平和の礎を見学した。

　18日は、丸木位里さん丸木俊さん作の「沖縄戦の図」を展示している佐喜眞美術館（宜野湾市）を訪問し、館長の佐喜眞さんに説明を受けた。その後、安保の丘より嘉手納基地を展望し、希望者は宜野湾市にあるアメラジアンスクールを訪問して、子どもたちの授業風景などを見学した。

　18日は大型台風が沖縄に接近してきたため、空の交通が大幅に乱れた。予定を早めて帰路に着いた参加者や、欠航のために滞在延期を余儀なくされた参加者など、日程に混乱はあったものの、有意義な3日間の交流を終えることができた。

　以下、それぞれのコミュニティより参加した女性たちの報告を紹介する。

那覇市歴史博物館で開かれた「沖縄戦と日本軍『慰安婦』」特別展

ギャラリートーク「日本軍『慰安婦』と今」で語る高里鈴代さん

「基地・軍隊を許さない行動する女たちの会」のバナー

源啓美さん「基地・軍隊を許さない行動する女たちの会」事務局長

特別展会場に展示されていた写真パネル

琉球弧の先住民族の会(AIPR)の知念幸見さんと我如古朋美さん

『沖縄戦の図』の説明をする佐喜眞道夫さん(佐喜眞美術館館長)

アメラジアンスクールの入り口にかけられた歓迎ボード

ひめゆりの塔　犠牲者の名前が刻銘されている

平和祈念資料館の入り口

沖縄女性と共に考える沖縄復帰40年
長い差別、米軍と抑圧、同化主義の歴史を歩まされた沖縄とアイヌ

多原 良子（北海道アイヌ協会札幌支部事務局次長）

多原良子さん

沖縄のひとたちとアイヌ民族の歴史を鑑みる時、多くの共通点がある事に気づかされる。那覇市歴史博物館特別展「沖縄戦と日本軍『慰安婦』」を訪れ、特に慰安婦問題と基地問題が符合する要素に思われた。

展示会では、琉球の歴史から現在の性暴力まで具体的な資料、証言が提示してあった。「軍人倶楽部ニ関スル規定」は、慰安所の設営から運営の規定、慰安所の使用者・営業者・業婦の心得などが詳しく記された資料だ。わずか1年間で135ケ所も設置された慰安所には、植民地支配下の朝鮮半島の女性、那覇市にあった辻遊郭の女性が多くいたという。強要された苦役に対する元慰安婦たちの言葉が、彼女たちの写真に添えられていた。ある女性は、終戦数十年後に外国特別在留許可申請のため慰安婦であった過去を明かすことを強いられた。戦後も、異国地で辛苦をなめる生活を強いられ、ついに祖国に戻ることもできず生涯を閉じたのだった。

展示会の後、ギャラリートーク「日本軍『慰安婦』と今」と題して講演があった。戦地にくまなく設置された延べ135ケ所の慰安所が、軍隊後方施設として必要とされたこと。「慰安隊員の動員」という沖縄戦のもう一つの顔が見えてくるようだった。住民の戦争体験や陣中日誌にそれが存在した証拠があるにもかかわらず、日本政府による真の謝罪と賠償はいまだに不十分であるのだ。軍隊と性暴力は、日本軍「慰安婦」制度から米軍占領下へと変化する。高里鈴代さんの要約にそって話される内容は、衝撃的であった。基地・軍隊が引き起こす暴力、特に女性に対する性暴力、人権侵害そして環境問題に女性の視点から長年取り組んできた「基地・軍隊を許さない行動する女たちの会」の勇気と行動に覚醒させられた。

「慰安婦」問題等はメディアで取り上げられる機会が少ない。このような性暴力被害の矮小化は日本社会の風潮であり、日本の負の歴史は見ないふりをする。先日も、東京で日本の戦争責任を否定する団体などが、元慰安婦を題材とした写真展の開催に反対し、抗議を受けたギャラリー運営者は開催の中止を決めるなどの騒ぎになったという。その後一転、開催が決まったが「日本人を貶めることはするな」と嫌がらせが殺到したという。

元従軍慰安婦被害を伝えようとNPOが開いた「女たちの戦争と平和資料館」では、元慰安婦の証言や軍の関与を示す資料を紹介している。しかし、来館者の減少や、上記のような団体や国会議員等による「軍が組織的に女性を連れ去った事実はない」とする公言の悪影響を受け、困難な運営をしている。

慰安婦問題を聞き、蝦夷地のアイヌ女性「妻妾」化問題を想わずにいられなかった。19世紀の場所請負制下の魚場において、アイヌ民族は男女を問わず強制使役をさせられた。アイヌ女性の多くは、支配人・番人・出稼ぎ和人の一定期間の「妻妾」とされた。和人女性は蝦夷地に入ることが禁止されていた松前家の慣習が、理由の一つだ。アイヌ女性は未婚既婚の区別なく無理やり妾とされ、悲惨な家庭崩壊を招いた。夫がこれに抵抗すると、和人に暴力をふるわれ死亡したこともあったという。さらに無残なのは、和人男性から梅毒や疱瘡を感染させられたアイヌ女性は、病気になると打ち捨てられ顧みられないのがほとんどだったことだ。これは昔の話ではない。その後も、植民者や開拓者によるアイヌ女性への民族蔑視からくる性を対象とした非道が続いた。これは数十年前まで平然と行なわれていたのだ。越年婿というのがその代表的な例である。本州に妻子を残してきた出稼ぎ労働者が、北海道で素知らぬ顔をしてアイヌ女性の家で暮らす。この卑怯な男たちは、冬期間だけメノコ（アイヌ女性）と家庭を持ち、春になると「職を探しに行く」とか「お前と結婚するため親の承諾をとってくる」と巧みに言いくるめ姿を消すのである。後には、アイヌの母と混血の子が淋しく残されるという結果になる。

国土面積のわずか0.6％に過ぎない狭い沖

縄県に、在日米軍専用施設面積の約 75％ が存在している。金網を巡らした米軍基地は、県土面積の約 11％ を占め、とりわけ人口や産業の集積する沖縄本島においては約 19％ を占めるという。それは海岸沿いの平坦地に位置し、もともとは農牧地か住宅の適地である。飛行場からは昼夜米軍機が絶え間なく離着陸し、爆音と墜落の恐怖にさらされている。沖縄では米軍基地押しつけを差別だと捉えている。沖縄が本土に復帰して 40 年間一向に減らぬ基地に「復帰当時に県民が思っていたような姿にはなっていない」からだ。戦後、土地収用令を公布し土地接収を強行し、復帰後も公用地として強制使用され、その後も手を替え品を替えて、先祖代々の土地が収用されたままであり、立ち入ることもできない。

この沖縄の基地をめぐる問題は、私にアイヌ民族の土地収奪を思い起こさせる。1869 年明治政府は、蝦夷地と呼んでいたアイヌモシリ（人間の住む大地）を一方的に日本の領土に組み入れ、アイヌ語の使用を実質的に禁じるなどアイヌ民族の伝統的な生活を破壊した。開拓史は、アイヌモシリを無主地として勝手きままに処理をした。アイヌ民族の生活に決定的な打撃を与えたのが、アイヌの土地収奪の法制化である。明治 5 年（1872 年）の北海道土地売貸規則と北海道地所規則、明治 10 年（1877 年）の北海道地券発行条例などで、北海道の好条件な土地は低価格で和人に譲渡され、残った荒れ地をアイヌ民族のものとされたのだった。

多くの国民は、沖縄戦や基地問題等がマスコミ報道されると沖縄の人たちへの同情を寄せる。しかし、沖縄の米軍基地の一部を本土に移転するという話となると、強い拒否反応をしめし、「沖縄は本土と違う」と言う無言の認識を見せつけられる。アイヌ民族についても同じような状況である。2008 年 6 月「アイヌ民族を先住民族として認める国会決議」では「永い間差別と貧困を余儀なくされたアイヌ民族に保護の手を差し伸べるべき」というような同情を示す。しかし、アイヌ民族が強い権利主張をすると途端に態度を変え、「お前たちも我々と同じ日本人ではないか」と言わぬばかりの態度を見せる。支配者が自分たちに都合よく差別をつくり出している構造が、ここに明らかなのだ。このような沖縄やアイヌへの差別、歴史に対する日本国民の無知と無反省が耐えがたいということが、いつ理解されるのだろうか。この日本列島に真の意味での多民族共生実現への一歩は、この理解から始まる。

（たはら りょうこ）

効を奏した「アイヌ民族副読本の記述内容の改悪・改ざんをしないこと」を求める署名運動

マイノリティ女性フォーラムで多原良子さんが上記の署名運動への協力を呼びかけたころ、参加団体の熱心な働きかけにより 1 万人を超える署名が全国から寄せられました。最終的には 17,671 人分の副読本改悪・改ざんの中止を求める署名が集まり、8 月 1 日に（財）アイヌ文化振興・研究推進機構に提出されました。その結果、アイヌ副読本の「修整」は元に戻ることになりました。呼びかけをした多原さんは、『アイヌ民族の歴史を捻じ曲げようとする輩の「誤った指摘」をそのまま受ける姿勢は断じて許されません。このようなことが二度とないよう心していきます。マイノリティ女性の運動を通して築いてきた連帯と、女性たちの力強さと優しさに感謝の気持ちでいっぱいです』と述べています。

<注記>「アイヌ民族　歴史と現在」と題する小中学校向け副読本は（財）アイヌ文化振興・研究推進機構により 2001 年度から毎年、全国に配布されてきた。昨年（2011 年）来、国会や北海道議会で一部議員が内容に疑問を呈する意見を出したことにより、同財団は編集委員会に諮ることなく、副読本の内容を 11 カ所書き換えた。そして、2012 年の新年度は副読本を配布せず書き換え部分を列挙した「修整表」を各校に送った。

沖縄女性から見た復帰40年について
── 誰とどう手をつなぐか

親川 裕子（琉球弧の先住民族会会員）

親川裕子さん

「先住民族の権利」はウチナーンチュ、あるいは琉球・沖縄人同士を分断しない新たな反基地、平和運動への足がかりとなる可能性を持っているのではないか。

私が「先住民族の権利」と出会って今年で12年目を迎える。「民族」という手垢のついた議論を沖縄で広めて行くには端緒についたというところだろう。この間、独立か高度な自治か、はたまた、「琉球・沖縄」はどの地域を指すのか、琉球・沖縄人の根拠とは何かを問われる度に、拙い説明を繰り返し、理解を得られず閉口してしまうという経験を重ねてきた。問う者は必ずしもヤマトンチュ（大和の人びと）に限らず、宮古や八重山出身者から発せられることもあった（る）。その度にあいまいな概念を理想的に語り、何とか共感を得ようと試みるが、常に残るのは不完全燃焼した燃料の青臭さのようなものだった。

先住民族の権利回復運動を行うNGO「琉球弧の先住民族会」（以下、AIPR）内でも、独立か否かについて十分な議論をしてきたかと言えば必ずしもそうではなかった。いや、もしかすると、私だけが決めかねていたように思える。

AIPRの規約は「先住民族としての自己決定権の回復」を目的とすると明記している。AIPRの主旨を問う他者は必ず「独立か否か」の二者択一の選択肢の答えを求めて問うてきた。その度にまどろっこしい説明をし、その時々によって回答を曖昧にしてきた。それは私の希望として琉球・沖縄の独立か否かの結節点からの出発ではなく「先住民族の権利」という概念を用いてどの程度の可能性がこの日本という国、社会の中でポジションを確立できるのかを質問者に逆に考えてもらいたかったような気がする。つまり、琉球・沖縄の立場はAIPRが決めるのではなく、さまざまな人びとを巻き込み、議論のメインストリームに乗せることだと考えていたからだ。理由は琉球・沖縄人に限らず、日本人にとっても「沖縄は日本なのか？」という問いを考えてもらいたかったからだと言えるだろう。

幸いにしてこの先住民族の権利概念は（本当に！）アリの一歩を歩み続け、徐々に徐々に琉球・沖縄内部で理解者が得られるようになってきた。複数のイニシアティブを持つ運動（体）の中で、国連の人権機関を使うという独自の回路を切り開き、脆弱な資源、人材の中で継続してきた活動は、敢えて言うならば柳のようにしなやかに、したたかに、生き延びてきたゆえのように思えてならない。拠点を持たず、専従職員を置かずとも、メンバー独自の意思を尊重しながら、等身大で続けてきたからこその強度が結実し、今日の知名度に繋がった。

昨年はIMADARジュネーブの白根大輔さんが赤嶺善伸県議会議長（当時）と会談し、先住民族の権利を用いることの有用性を説明した。AIPR発足以来、金銭的人材的協力を惜むことなくサポートしてきてくださった市民外交センターの仲間たちには、感謝してもしきれない。

以上のようなバックアップ体制の中で、AIPRは2009年マイノリティ女性の権利という概念の枠で国連人権機関の一つである女性差別撤廃条約委員会（通称CEDAW）への参加を許容してくれた。当時、AIPR内部でもまだまだ先住民族の権利における女性の権利は十分に議論できていたわけではない。私がCEDAWのランチタイムブリーフィングで語った、在沖米軍基地の軍人、軍属による性暴力はまだしも、AIPRが「ウチナーグチ、シマクトゥバと言われる琉球・沖縄語での公教育の必要性」を訴える中で十分な議論も踏まえず、「沖縄戦中、戦後の女性に対する教育の不備」について語るということはAIPR組織内で不協和音を奏でてしまった。確かに10年ぶりに開催されるCEDAWは次回いつ開催されるかわからないという不安要素を抱えており、参加の必要性を痛感しつつも決断を躊躇していた。参加の決意に至るまで二転三転してしまい各方面の知人、友人たちに迷惑をかけながらの出発となった。結果的には最終

資料編 5 琉球・沖縄に関する記事

所見で「マイノリティ女性に対する行政による実態調査の実施を」との勧告文を引き出すことができ、一定の成果を挙げたと言える。帰沖後は高里鈴代さんを含め、少人数の報告会を行い、意見交換することができた。また、沖縄大学のジェンダー論では15コマ中3コマを担当させていただき、国連人権機関の活用法や、マイノリティ女性、複合差別とは何かといった内容の講義を持たせていただいた。

　無論、従来より琉球・沖縄では、マイノリティ女性、複合差別といった言葉はなくとも、在沖米軍基地を持つ国々の女性たちと課題を共有し、反基地平和運動を続けてきた高里鈴代さんを始めとする多くの女性たちによって国際連携が図られていた。実際、CEDAWに参加するにあたり、高里さんからは東京、沖縄での婦人相談員時代の話や、これまでの女性たち独自の国際連携、北京女性会議への参加などさまざまな活動内容を伺うことができた。私自身、CEDAWへの参加が功を奏するか否か不安があったことは否めない。そもそも、アイヌ民族女性、部落女性、在日韓国・朝鮮人女性、海外移住者女性たちが日本国内で行った実態調査を行わずして、参加するということはCEDAWで訴える資源が乏しいことを意味する。多忙な委員たちにとって、事前の資料が十分でないということは、日本政府を問い正す根拠がないことと等しい。不安要素を抱えながらの会期中におけるロビー活動は気が重くてしょうがなかった。しかし、真摯に耳を傾けてくれるアフガニスタンのラセック委員との会話の中で、彼女は医療・保健が専門であり、在沖米軍基地の問題の中でも妊産婦女性への健康被害に注視し、日本政府に対応の如何を詰め寄る姿勢に大きく励まされた。

　そして何より、個人的な一番の収穫はマイノリティ女性の方々との出会いと繋がりだった。アイヌ民族、部落、在日韓国・朝鮮人という各々の課題解決が決着していない中で、女性としての差別体験を語ることが運動の足を引っ張る存在として位置づけられることへの疑問と憤りを共有できたことは非常に大きな励みになった。沖縄でも反基地平和運動の中においてさえ女性（／もしくは男性）の性暴力被害体験を語ることは容易ではない。それどころか国民国家を前提としたマジョリティとマイノリティの枠組みを相対化する意味で、先住民族の自己決定権の枠組みは有用であるが、先住民族そのものも内なるマイノリティを抱えており、差別的関係をまぬがれない。そのためにジェンダーや階級という視点との接合が重要であり、沖縄の本質的課題は「複合差別」と捉えることができる。今になって思えば、琉球・沖縄人女性たちが県内、国内の枠組みだけではなく、国際連帯へと横に繋がっていったことの経験値があったからこそCEDAWの参加を決めたともいえよう。今後は自らの経験値を活かし、ジェンダーの視点、特に東アジアや民族的差別を被る側からの、もしくは被差別集団内部における、ジェンダーバイアスの解明と解体を提案し、それが沖縄問題の解決に繋がるということをいかに実践していくのかが問われている。

　先住民族の権利回復のNGO活動に参加して十年。手探りの中で孤軍奮闘しながら、焼き直しや受け売りの言葉ではない自らの言葉を持ちうることの必要性を痛感している。復帰を知らない、ましてや60年代の安保闘争、沖縄戦を実体験として持ち得ない私たちの世代ができることは、経験者と非経験者を繋ぐメッセンジャー的役割であると感じている。

　昨年は「沖縄はごまかしとゆすりの名人」「惰性的でゴーヤーも栽培できない」と元沖縄米総領事館ケビン・メア氏が語ったことがスクープで年度が始まった。ケビン・メア氏の意図とは反対に、残念ながら各自の家々でゴーヤーは豊作だ。そして暮れは沖縄防衛局の田中聡局長が在沖の各メディア担当者を招いての酒席で環境影響評価の提出期限について問われると「犯す前に犯すといいますか？」との発言がスクープされ即刻、更迭された。

　復帰40年、米軍から日本政府に施政権が返還されたというだけのことだ。米軍機オスプレイにしろ沖縄島北東部の東村高江地区のヘリパット建設にしろ、日米の強硬政策は今や兇行、愚行とも言える。国内植民地と言われるゆえんのそれらの暴力性に沈黙せず抗することをたゆまず続けること、それが最も権力者に対して功を奏するものであると信じている。

（おやかわゆうこ）

特集 先住民族の権利実現 世界・日本から見る

2014年に先住民族に関する世界会議がニューヨークで開催される。それに向けた準備のための会合や議論はすでに始まっている。今号では先住民族の権利実現に関してどのような枠組みで議論がされてきたのか、そして今後どのように議論されようとしているのかを見ていきたい。

先住民族と国連

白根 大輔（国際アドボカシーコーディネーター、IMADRジュネーブ事務所）

1. 先住民族国連機関

2007年9月13日、第61回国連総会で「先住民族の権利に関する国連宣言」が採択された。この宣言採択の動きとも連動しながら、先住民族の権利の保護と促進をより進めるため、国連内部に特別な3つの機関が設置されてきた。

一つ目は「先住民族の権利に関する専門家機関（EMRIP）」である。この機関は2007年に国連人権理事会によりその下部機関として設置され、人権理事会の決定に従い、先住民族の権利の保護と促進について、テーマ別調査・研究を通して人権理事会に助言を行うという諮問機関に近い権限を持っている。実際の調査・研究は通常1年（場合によってはそれ以上）かけて行われ、その間、先住民族や政府、NGOなども書面情報を提出することができる。毎年一度、7月に5日間かけてジュネーブで行われる会合には国連協議資格に関係なくすべての先住民族代表者が参加をすることができ、議題ごとに口頭声明を発表することできる。これら声明は最終的にEMRIPにより報告書の中でまとめられ、（EMRIPにより）適当と思われるものは必要な修正を経て、EMRIPが人権理事会に提出する提案の中に反映される。EMRIPの報告書は9月に開催される国連人権理事会に提出され、議論される。ちなみに今年7月8日から12日まで開催された第6回EMRIPでは、現在進行中の調査（今回は先住民族と司法へのアクセスについて）、今まで行われた調査と提言、国連先住民族の権利宣言、今後の調査や会合の焦点などEMRIPがとるべき行動についての提案、という定期議題に加え、来年ニューヨークで開催される予定の通称「先住民族についての世界会議」も議題の一つに入れられた。

二つ目は国連人権理事会の中に設置されている「先住民族の権利に関する特別報告者（特別報告者）」で、独立した専門家としての位置づけを持ち、テーマ別報告、実際の訪問に基づいた国別調査と勧告、個別の通報と情報収集に基づく関連政府への通達、各種声明等を通し、先住民族の権利の保護・促進のためのさまざまな活動を行う。この特別報告者もEMRIPと同様、9月に開催される人権理事会に対し、その年次報告と報告期間内に行われた国別訪問についての報告書を提出する。また定期的ではないものの、国連総会へも人権理事会の決定に従い報告を提出することがある。基本的にこの特別報告者への書面による情報提供はその時々の調査報告書に関するものや緊急の行動を要するものなど、特別報告者の権限内に入るものでその都度設定された形式に従えばだれでも可能である。また国別訪問の際には実際に特別報告者と会合を持ち口頭で情報交換することもできる。これ以外にも、この特別報告者は先住民族代表者とEMRIPなど関連する行事の開催中にミーティングを持ったり、各地域でしばしば協議などを行ったりしている。

三つ目は「先住民族に関する常設フォーラム（常設フォーラム）」である。これは国連経済社会理事会（ECOSOC）の諮問機関であり、経済・社会発展、文化、環境、教育、健康、人権という観点からECOSOCやその他の国連プログラム、基金、機関等に助言・提言を行う。ECOSOCはニューヨークに設置された機関であり、その諮問機関である常設フォーラムも毎年5月に2週間かけてニューヨーク国連本部で開催される。このフォーラムへもEMRIP同様、国連協議資格にかかわらずすべての先住民族にとってその参加資格が保障されている。

焦点は共通しつつも、上記の通りこれら機関はそれぞれ違った権限と位置づけを持って

資料編5 琉球・沖縄に関する記事

おり、先住民族の権利保護や促進のために国連システムを効果的に活用するには、まずこれらの機関のそれぞれの役割の理解が必要となる。そのため国連やNGOのものも含めこの3つの機関に（のみ）焦点を置いた先住民族支援のためのトレーニングプログラムや基金も多くある。しかし同時に、この3つだけが先住民族の権利を「扱える」国連機関というわけではないことにも注意する必要がある。確かにこの3つの機関が先住民族のために用意され、参加が確保された機関ではあるが、多角的・包括的に先住民族が直面する問題を可視化し、その権利を確立、保護、促進していくためには、国連システムの中に設置されたこれら以外の機関もあわせた活用が効果的であるし、実際に国家の責任を明確化し国レベルでの変化に結びつけるには、特に人権理事会や各条約機関、普遍的定期審査（UPR）などとの併用が重要となる。

上記3つの国連機関に加え、来年には国連総会の枠組みの中で通称「先住民族に関する世界会議」が予定されている。世界会議という名称がつけられているものの、今の時点でわかっていることは、国連総会が来年の会期中、9月22、23日にニューヨーク国連本部で先住民族についてのハイレベル（高官クラス）会議を開くということだけであり、具体的な構成、参加者、議題、発言権がどうなるかは未だ明確にはなっておらず、あくまで「先住民族に関する」という言い回しに表れているように、実際に先住民族がどこまで、どのように参加できるかも不明である。そのため、この「世界会議」への先住民族の参加が確保され、その声が会議の準備やフォローアッププロセスも含め一連の動きの中に反映されるよう、各地の先住民族代表者が協力し、地域レベル、国際レベルでの独自の準備プロセスや会議が開始されている。その中の一つが今年6月にノルウェーのアルタで開催された先住民族によるグローバル準備会議である。

（しらね　だいすけ）

先住民族に関する世界会議のための準備会合
2013年6月10日〜12日　ノルウェー、アルタ

阿部 ユポ（財・北海道アイヌ協会副理事長）

国際連合の第65会期・第3委員会は、アジェンダ65（a）と（b）における先住民族問題、第2次世界の先住民族の国際10年において次の決議をした。

国連総会は、総会、人権理事会、経済社会理事会の先住民族の権利に関する全ての関連する決議を想起し、2004年12月20日に採択された「第2次世界の先住民族の国際10年」(2005〜2014）に関する決議を想起し、さらに、先住民族の個人的および集団的権利に取り組んだ2007年の「先住民族の権利に関する国際連合宣言」を想起し、2005年の世界会議成果文書、および総会第65会期のミレニアム開発目標に関するハイレベル会合の成果文書を想起し、先住民族の権利に関する特別報告者の任務を拡大した2010年9月30日の人権理事会決議15／14と、人権と先住民族に関する2010年9月30日の人権理事会決議15／7を想起し、2010年4月20日から22日にコカチャンパのティキパヤでボリビア多民族国家が主催した第1回人民による気候変動と母なる大地の権利に関する世界会議を注目し、幅広い社会的そして経済的な指標を通じて、先住民族が典型的に直面する極度の不利益と、権利の完全な享受を阻むものに対する懸念を表明した。

そして、先住民族に関する特別報告者の報告書に感謝と共に注目し、国連人権高等弁務官事務所による、国連先住民任意基金の現状に関する報告書を歓迎し、先住民族組織や共同体が人権理事会や人権条約機関の会期に出席できるよう基金の任務を拡大することを決定し、政府と政府間組織、非政府組織が国連先住民任意基金および国連第2次国際10年信託基金に貢献を継続することを奨励し、先住民組織や私的機関、個人も同様にすることを歓迎するとした。ILO169条約の批准と加盟、先住民族の権利に関する国連宣言の支持を促し、宣言に対する支持が拡大していることを歓迎した。先住民族の第2次国際10年の、目標と到達点の達成度合いの進展状況に注目するとした。

さらに委員会は、先住民族の権利に関する国連宣言を含む先住民族の権利の実現のための展望とベスト・プラクティスを共有するため、世界先住民族会議［WCIP］という名称のハイレベル会合を2014年9月22日および23日に国連で開催することを決定し、国連総

アイヌ民族に関する院内集会で発言する筆者(ERDネット主催2011年10月)

会議長が先住民族の会議への参加方法を含めた会合の手順を決定するため「先住民族問題常設フォーラム」「先住民族の権利に関する専門家機構」「特別報告者」との枠組みの中で加盟国と先住民族の代表と自由なコンサルテーションを呼びかけた。

これを受けて世界の先住民族は、世界先住民族会議[WCIP]の準備会合を世界各地で開催した。世界の7地域を代表する先住民族と女性、若者の代表を選び「グローバル調整グループ」を結成し、2014年世界会議に向けて成果文書草案を策定した。

2013年6月10日から12日にノルウェーのアルタで一同に会し[WCIP]の準備会議を開催した。3日間にわたって成果文書草案に基づき議論をかさね、最終日にアルタ成果文書(アルタ宣言)を採択した。

アルタ宣言は、前文に続き
テーマ1: 先住民族の土地、領域、資源、海域、および水域として8項目の勧告をした
テーマ2: 先住民族の権利の実施のための国連システムの活動として12項目の勧告をした
テーマ3: 先住民族の権利の実施として14項目の勧告をした
テーマ4: 自由で事前の情報に基づく先住民族の同意による開発に対する優先順位として9項目の勧告をした

世界の7つの地域を代表する先住民族は、女性、若者の代表と共に、ノルウェーのアルタにある北欧サーミ民族の古来の地に参集し意見討論を交わした。我々の目的は、2014年9月22日23日にニューヨーク国連本部で開催される「先住民族に関する世界会議」と称する国連総会ハイレベル本会議に先住民族として共同勧告を策定することであった。我々は、先住民族にとって最も重要な課題を4つの包括的なテーマとして特定した。「発見及び征服の法理」「ローマ教皇の勅書」「英国王の勅許」アメリカの「明白なる使命」論等の誤った、法的に無効な考えは見直されなければならない。平等と非差別に関する規範を含む国際法を確認し、権利宣言で確認された権利を含む先住民族の権利の実現こそが最重要であることを再確認した。

(あべ ゆぼ)

EMRIPと琉球・沖縄

我如古 朋美(琉球弧の先住民族会)

7月8日~12日の5日間、スイス・ジュネーブの国連欧州本部で開かれた「第6会期国連先住民族の権利に関する専門家機構(以下EMRIPと表記)」に参加した。国連の大きな会議場には色鮮やかな民族衣装を着た先住民族が数多く参加しており、その他にも各国関係者、記者などさまざまな人びとが集まっていた。今回のEMRIPには琉球弧の先住民族会から渡名喜守田さんと私、我如古朋美の2人が参加した。

EMRIPとは国連人権理事会の下部組織であり、先住民族、NGO、研究者、政府などの代表が参加し、設けられたいくつかのテーマに沿ってスピーチをおこなう。そして、琉球・沖縄からは尖閣諸島(琉球名:"ユクンクバシマ"と以下表記する)の問題を報告しようと考え、議題6「先住民族の権利に関する国連宣言」、議題7「国連人権理事会の審議と承認を求める提案」のテーマを選びスピーチをおこなった。現在の日本は、ロシアとの「北方領土」、韓国との「竹島(韓国呼称:独島)」、中国との「尖閣諸島(中国呼称:釣魚台群島)」の3つの領土問題を抱えている。しかし3つの領土問題の中でも「北方領土」と「尖閣諸島」に関しては、先住民族の問題として考えることができる。

中でも、ユクンクバシマというのは琉球国が1879年日本の武力による圧力の下で併合させる以前やそれ以降も、琉球民族の伝統的な生活圏の一部として存在してきた。しかし現在では、そこが先住民族の伝統的生活圏であるという事実と歴史は無視され、日本、中国、台湾によりその領有権が議論されている。さらには、この地域の先住民族である琉球民族の存在と権利すら正当に認知されていない。そのため、現在、琉球民族が議論に加わることすらできないだけでなく、この地域では両国(日本・中国)による軍事増強、お互いの敵視政策による軍事衝突の可能性が高くなり、伝統的な生活圏のひとつが使用できなくなっている状態である。

また、ユクンクバシマの議論を両国がおこなう際、日本政府は尖閣諸島の法理として「探

検」、「無主地」、「先占」という3点を主張しているが、これらの無主地・先占の法理は「植民地獲得」の法理として国際的による否定が進んでいる。こうした中で、この地域を伝統的生活圏とする先住民族が存在するにも関わらず、近代国家により「先占」や「無主地」、「開拓」という言葉が使用され、ユクンクバシマの領有権が主張されることは大変理不尽なことだと感じる。

そのため、私たちは議題6の先住民族の権利に関する国際連合宣言（以下、国連権利宣言）の履行という側面から先住民族としての認知の必要性、それによる宣言に記載された権利の保護、特に土地の権利、伝統的生活圏という概念の活用・発展の必要性に関する事例を、会議場にいるすべての人へ情報共有という形で報告をおこなった。報告後は、会議場にいる多くの人びとが興味を持ってくれた。また、これまで無反応であった日本政府が、議題7でユクンクバシマに関することにも触れ報告していたことは、大きな出来事だと感じる。

私は"伝統的生活圏"という概念の活用や発展の必要性を報告するために、琉球・沖縄の抱えるひとつの事例であるユクンクバシマの問題を報告したのだが、それは琉球・沖縄に限ったことではないと考える。世界中に多くの先住民族が存在する中で、土地に関する問題というのは、どこかでリンクする部分がある。そういったことから、今後は先住民族の"伝統的生活圏"という概念の活用や発展の必要性というのはとても重要なことになると強く感じる。そのため、今後は、国連の人権機関に対しても先住民族の「伝統的生活圏」に関して、その調査・研究のテーマの必要性をあげ、問題などを発信していきたいと思う。

最後に、私はEMRIP参加を通して、楽しいことや大変なこともあったのだが、多くの人に支えられ無事に終えることができた。その中でも、IMADRの白根大輔さんには事前登録や声明文の作成、また現地でも手助けをしてもらい本当に感謝の気持ちで一杯である。この場を借りてお礼を述べたいと思う。いっぺーにふぇーでーびたん。（本当にありがとうございました。）

（がねこともみ）

第3回マイノリティ女性フォーラムで発言する筆者（2012年6月、沖縄にて）

先住民族の「認知」から先住民族による国連活用へ

白根 大輔

筆者は今まで4度のEMRIP参加を通し、そこにきたさまざまな先住民族代表者とつながることができた。またEMRIP開催中だけでなく、それに並行して行われる国連の先住民族フェローシップや先住民族のための任意基金のプログラムの中で、その運営者である国連人権差別高等弁務官事務所の要請と協力のもと、その都度選ばれた先住民族代表者への、特に人種差別撤廃条約と委員会についてのトレーニングを行う機会も持てた。加えて、IMADRの活動の範疇の中でつながる先住民族当事者による国連活用のための各種トレーニングやロビーイング支援、協議・相談等も通じて、これまでいろいろと学ぶことができた。その中で、実際の社会での先住民族の権利の保護と促進を考えたとき、多くの先住民族が共通して直面している現実的問題の一つとして頻繁に話に上ってくるのが、先住民族としての「認知」についてである。

国際レベルでは、国連や国際労働機関（ILO）など、先住民族の権利に関する専門機関や特別基準等を設け、さまざまな国際機関がこれら基準に沿った先住民族の「認知」をしている。そのような認知は当然のごとく、先住民族の権利を保護し促進するためのさまざまな措置の基盤となる。しかし実際に国、草の根レベルでのそれら国際基準や国連機関勧告の履行、国内法制定を含め国際的に認められた「先住民族」として権利の保護と促進の現実的な面を見ると、世界各地で未だ多くの先住民族の人びとが、当該国による適当な認知の欠落という根本的な問題に直面している。的確な認知を行っていない政府の基本的な言い分は、私たちの国に先住民族は存在しない、だから国際的にどれだけ基準や機関があり、どれだけの勧告が出されようと、私たちのケースには当てはまらないというようなものが大半である。世界中に存在する先住民族は一様ではないため、「先住民族」の普遍的定義を作るには困難があるし、むしろそのような定義を作ること自体不適切であるといわれている。そうした観点から、国際機関の認知はそれぞれの先住民族の歴史や慣習、社会システムや文化等の基準を尊重・考慮したも

気候変動に関する先住民族サミット(2009年4月、アラスカ)

のであり、何よりも基本となるのは、それぞれの先住民族の個人と集団による「自己認識」(Self-Identification)の原則である。しかしこの原則にのっとった措置をとる政府は少なく、国内法などで認知や定義を持つ国であってもあいまいな定義を用いていたり、政府にとって都合のいい解釈と適用をしている場合も多い。ちなみに日本政府もEMRIP会議で声明を発表したが、アイヌ民族の認知とそれに基づく文化振興策についての言及にとどまった。琉球民族については、さまざまな国連人権機関の見解に反し、法の下の平等が保障された「沖縄県民」や「日本国民」であるとして、「民族」と「国籍」の異なる概念を混同し、国際人権の観点からも的外れな言い訳を使い、適切な認知を拒否し続けていた。

EMRIPは創設以来、これまで6度の会合を持ち、2009年に人権理事会に提出された「先住民族の教育に対する権利」について最初の調査報告から、「意思決定プロセスへの参加」、「天然資源（採取・搾取）産業と意思決定プロセスへの参加」、「先住民族のアイデンティティと権利保護・促進における言語と文化の役割」というテーマに関して調査・報告を行ってきた。現在は「司法へのアクセス」というテーマについて調査が進行中である。これらテーマ別調査・報告や定期会合を通し、世界各地で先住民族が直面する多様な問題について一つひとつ焦点を当てて明確にしてきた。同時に今までの調査、報告の中でも国家による「認知」は多くのケースで根本的または背景に存在する現実問題として確認されており、当事者によるEMRIPその他の国連機関の効果的活用を図るうえでも、いつかは乗り越えなければならない課題の一つであると言っていいだろう。

伝統と普遍的人権

EMRIPをはじめ先住民族の権利に特化した国連機関の議論や報告、また筆者が行ってきた先住民族による国連人権機関の効果的活用の支援、現場訪問やコンサルテーションなどにおいて提起されてきた問題の中でも、先住民族の伝統や習慣全般、または具体的な慣習法や伝統文化、言語、社会システム等の保護や尊重に関するものは少なくない。先住民族の伝統的製薬方法や知識が国際製薬企業により搾取されているケースもあれば、その他先住民族の伝統的生活圏（土地や森、海も含む）が国家や企業によるプロジェクトや開発により奪われている、破壊されているという報告も後を絶たない。これらの文脈、特に草の根、国レベルでの具体的な個別のケースを見ると、先住民族の「伝統」の保護や尊重の重要性がはっきりと見えてくる。しかしさまざまな先住民族の伝統の的確かつ効果的な保護と尊重のために国連活用をしていくうえで、「伝統」、「伝統的価値」という概念に関し、むしろ人権の普遍性や国際人権法、国連人権機関の存在理由を脅かしかねない議論・動きが存在していることにも注意しておかねばならない。

EMRIPの上部機関である人権理事会では、2009年からロシアの主導で「人類の伝統的価値のより良い理解を通じた人権と基本的自由の促進」というテーマで議論が進められており、2009年、2011年と関連した決議が採択されている。今年9月の会期にも同様の決議案が提出され、議論される見込だ。その名称だけでは具体的に何かよく分からないが、とにかく大した害はなさそうだ、という印象を受ける。しかしその議論や決議の中身を見ると、まず「人類の伝統的価値」というものが明確に規定されていないし、そもそもそのような「人類」に共通した伝統的価値があるのかどうか、あったとしても誰がどのように決定するのかも不明である。その上、何をもって「伝統」とするかはその社会、ましてや個人の主観によるところも大きいし、そのような不明確で抽象的かつ極度に主観的になりえる概念が、ロシア主導の議論・決議の中ではあたかも普遍的かつ具体的な個人の人権と並び、政府や国連機関が全般的に保護・尊重すべきもののように扱われている。

確かにそれぞれの社会、コミュニティにおいて多様な「伝統」や「伝統的価値観」は存在しているし、各地の先住民族のケースにも見られるように、具体的な習慣・慣習・伝統の保護がより直接的に特定の人権の保護に結びついている場合もある。しかしこの客観的規定が困難な概念が、マジョリティや支配層の「伝統」や「伝統的価値観」にそぐわない

もの・個人の抑圧、社会的弱者や被支配・差別層、マイノリティや先住民族、その他疎外された人びとの人権侵害の基盤になったり、それら抑圧や侵害の正当化に使われていることもまた事実である。また一般的に「響き」のいい言葉・概念であるが、果たしてすべての「伝統」や「伝統的価値観」が保護・尊重されるべきものかについては、大きな疑問の余地があるだろう。「伝統」や「伝統的価値観」に関するこれらの問題点については、例えば、女性の人権、ジェンダー差別、女性に対する暴力、家庭内暴力や強制結婚、父権制度や封建制度の問題点、女性器切除や婚内レイプ、性的志向や性別認識に基づく差別・暴力、また先住民族女性やマイノリティ女性の人権侵害等、各地での現状を見ればおのずと明らかになるものが多いだろう。これら多くのケースでは、むしろ特定の「伝統」や「伝統的価値観」が個人の普遍的人権の侵害に直接的に結びついている。また部落差別やカースト差別に関しても、例えば差別する側の勝手な言い分として自分たちの「伝統」であるとか、「伝統的価値観」に基づくものであるとして、差別自体やそれら差別が野放しになっていることを正当化するような論理も、極端に言えば、可能になる。

ロシアによる議論と決議の問題点は、まず人権侵害に直接的に結びついたり、その正当化に用いられている特定の「伝統」や「伝統的価値観」の存在を（意図的に）無視していることにあるだろう。またこの主観的かつ社会的力構造に依存した抽象的概念を、むしろ（国家やマジョリティ、支配層による）人権侵害の正当化のために恣意的に利用しようとしているとも見てとれる。そしてそのような概念が主要な国連機関である人権理事会により、人権の普遍性に対する一定の基準として認定されてしまえば、国連人権システムや普遍的国際人権の弱体化・相対化につながるだろう。純粋に人権という観点からは多くの問題を含んだ議論と動きであるし、EMRIPや条約機関、特別報告者等の独立した人権機関では決して推奨されるようなものではない。しかし、人権理事会は各国政府により構成され、人権がむしろ外交手段の一つとして使われるような政治的機関である。そのため大きな問題と危険性を含んだ議論と動きが、国際人権法の下の国家の義務の履行に消極的な国や、人権侵害に関する国際社会・独立した国連機関による介入を好まない国の政府からも支援を受け進められている。

先住民族による国連活用

先住民族の権利についての国連宣言の採択、先住民族のために特化した国連機関の設立、国連基金によるそれら機関への参加支援、何十年にもわたる世界各地の先住民族の運動と連携の結果が国連レベルで確実に生まれてきている。またさまざまな国際機関、環境や開発を扱う民間基金、EU、日本、欧米諸国など、先進国による開発援助等の枠組みの中で、各地（特に発展途上国）の先住民族を対象にした資金援助やプログラムも作られている。

同時に、国レベルでの認知の問題など、根本的な課題も確実に残っている。国連宣言はあくまで「宣言」であり、いわゆる国際法とは違い、各国政府に法的履行義務を課していない。一方、EMRIPや常設フォーラムは諮問機関以上の権限を持っていない。同時に、先住民族のために行われている国連や支援NGOによる国連活用のトレーニングの多くは、EMRIPや常設フォーラムにのみ焦点を置いたものが多く、意思決定機関である人権理事会や各国に勧告を出す権限を持つ条約機関、またさまざまなテーマを扱っている各種特別報告者などのより広範な活用のためのキャパシティビルディングの必要性は、現場の先住民族代表者から頻繁に提起されている。また資金や開発援助にしても、確かに有効利用されているケースは多くあるものの、人権や先住民族の権利という観点がまったく不足した各国政府の外交上のツールの一つとして使われているケースも少なからずあるし、必要以上の資金流入による運動の腐敗や迷走、内部対立などの弊害も見受けられる。現場訪問や当事者とのコンサルテーション、草の根の運動や活動家との連携を通しても、いまだにさまざまな面で国際レベルの供給と国・草の根レベルの需要の乖離が確認される。

当事者による国連活用や現場のニーズに応じたトレーニングや支援を常に念頭に置いて、一つひとつ可能性をさぐりながらやってきたものの、道はまだまだ長い。一朝一夕で成し遂げられるようなものはほとんどないし、こつこつと一歩一歩、一人ひとりの当事者とつながりながらやっていくしかないだろう。

（しらね　だいすけ）

次号の特集：　日本におけるレイシズム、ふたたび問う（予定）

先住民族の権利とCERD日本審査

永井 文也（市民外交センター）

始めに

今年 2014 年は、日本を含む世界の先住民族にとって、第 2 期「先住民族国際 10 年」の最終年に当たる節目の年である。今期（第 85 回会）の人種差別撤廃委員会（以下、CERD）による日本政府審査は、9 月に開催された先住民族世界会議の直前の 8 月 21 日・22 日にスイス、ジュネーブで行なわれた。この審査は、「建設的対話」の場として、前回 2010 年の日本審査同様、先住民族の議論も取り扱われた。本報告では、先住民族に焦点を当てつつ、この審査を包括的に振り返りたい。

前回の総括所見と審査前のNGO・当事者団体の活動

まず前回の CERD による日本政府審査の総括所見では、アイヌ民族に関し、アイヌ民族の代表者との協議の強化、そしてその上で 2007 年に国連総会で採択された先住民族の権利に関する国連宣言（以下、UNDRIP）の国内履行の促進、またアイヌ民族の生活水準に関する国レベルでの調査の実施などが勧告された。そして琉球・沖縄に関し、琉球・沖縄の人びとの代表者との幅広い協議をすることを政府に求める勧告が出された。また ILO169 号条約（先住民条約）の批准も求められた。

これらの勧告と、これまでの政府の取り組みや現状を踏まえ、審査前に、CERD 主催、そして市民社会主催で、二度の NGO ブリーフィング、そして個別の委員への働きかけ、先住民族に関する情報提供が行われた。アイヌ民族はアイヌ語教育の強化やアイヌ民族の土地の権利の保障を始め、UNDRIP などの国際規準の国内履行監視機関の設置、アイヌ民族の包括的な実態調査、そして立法措置を通じたアイヌ政策の推進などに関するアピールを行った。また、審査直前に問題となった金子快之札幌市議の「アイヌ民族なんて、もういない」「利権を行使している」などの発言も提供された。琉球・沖縄の人びとも、日本政府が琉球・沖縄人を先住民族として認識すること、そして琉球・沖縄の諸問題、特に基地問題における琉球・沖縄の代表者との協議を行い、自己決定権の保障に加え、琉球・沖縄の文化や歴史の教育や彼らに差別的な法律を廃止し、国際的に認められる先住民族の権利の保障などに関するアピールを行った。

CERD委員との意見交換

審査1日目

審査の冒頭、政府による声明の中で琉球・沖縄およびアイヌ民族に関して、次の点が言及された。

まず 2009 年に設置されたアイヌ政策推進会議による、アイヌ民族の人権を尊重した総合的な活動や施策、特に「民族共生の象徴となる空間」というアイヌ民族や多文化社会を尊重するシンボル施設の設置を紹介した。また教育や啓発による国民の理解や研究の推進、アイヌ文化の振興、土地や資源の活用の推進、生活環境の向上などの施策、道内のアイヌ民族への調査、アイヌ民族の子弟対象の奨学金政策などを紹介した。

また琉球・沖縄に関し、先住民族と認めていないため、本条約の対象外とする一方、沖縄の居住者および出身者は、日本国憲法により、法の下に平等であり、日本国民としての全ての権利を保護されていると説明した。さらに沖縄振興開発特別措置法および沖縄振興計画などによる社会資本整備を中心とした産業発展および本土との格差縮小を言及し、また 2012 年に沖縄振興計画の策定主体が国から県へ移ったことを踏まえ、主体性の尊重を主張した。

この声明に対し、CERD 委員から、UNDRIP の国内履行の緩慢さ、先住民族の代表者の協議過程への参加の不足、ILO169 号条約の未批准、諸分野における先住民族とそれ以外の住民との格差、先住民族の文化や歴史教育のさらなる促進、ユネスコの危機的言語の復興および言語使用の促進などに関する意見や質問が寄せられた。特にアイヌ民族に関しては、アイヌ政策での政府の努力を評価しつつも、生活水準や人口の正確な実態調査、口承伝承やアイヌ語を学ぶ時間数や機会の不足、アイヌ語の公立学校での教育などが指摘された。琉球・沖縄に関しては、政府が先住民族として認識していないことと、彼らの先住民族としての自己認識、土地の利用などの米軍基地の諸問題における琉球住民の自己決定権と、自由で事前の十分な情報を与えられた上での合意原則などに関して言及された。委員の一人が、ブリーフィングでも話題に上がった琉

球・沖縄の基地問題に関して、協議の必要性以上に踏み込まないとしたが、これはおそらく安全保障や外交問題が絡むためだと考えられる。

審査2日目

初日の委員からの意見や質問を受け、2日目の審査でも、政府は先住民族に関して回答を行った。まず、琉球・沖縄人の問題は本条約に該当せず、再度、憲法14条の法の下の平等が繰り返された。さらに沖縄振興審議会での代表者との協議の実践や、危機的言語の調査や活性化事業の展開が紹介された。文化保護では、一部事業で沖縄のみの通常以上の援助が説明された。

アイヌ民族に関しては、まずUNDRIPの国内履行に関し、土地や資源の権利やその行使は国内状況により制限される点を踏まえつつ、有識者懇談会による具体的政策やアイヌ政策推進会議の設置などを通じ、アイヌ民族の意見を聞き実行していると回答した。また、道外のアイヌ民族に対する実態調査に基づく支援策の検討・実施や、北海道庁実施の実態調査結果からのアイヌ民族以外との格差是正の支援措置を紹介した。そしてアイヌ文化振興法による総合的かつ実践的な推進事業や、文化財保護法に基づく古式舞踊や生活用具などの保護も示した。そして民族共生の象徴空間にも今一度言及し、その意義が繰り返された。また、アイヌの生徒が多い学校では、アイヌ文化やアイヌ語の学習は可能であると回答された。

委員からは、これらの回答に対し、琉球・沖縄の歴史を言及しつつ、1872年の「琉球処分」などの歴史認識を正し、先住性の認識を要求し、琉球・沖縄に関わる諸問題の自己決定権の保障が再度求められた。しかし政府はこれに対し、法の下の平等を再び強調し、かつ沖縄振興開発特別措置法に基づく文化振興を言及した。最後に日本審査担当報告者である委員から、両民族の生活水準などの格差是正の要請が改めて言及された。

総括所見の概要

先住民族に関し、以上のような「建設的対話」が交わされた。その結果の一つである委員会の総括所見では、アイヌ民族に関し、アイヌ政策推進会議などの協議機関におけるアイヌ代表者の増員、雇用、教育そして生活水準に関する格差是正措置の迅速化および向上、土地と資源に関する権利の保護および文化と言語に対する権利の実現、アイヌ民族の包括的な実態調査の定期的な実施、そしてILO169号条約の批准が勧告された。琉球・沖縄に関しては、政府が琉球人を先住民族として認めることをはじめ、その権利の保護、琉球の代表者との協議の向上、琉球諸語の保護の迅速化ならびにその言語での教育、また彼らの歴史と文化が教科書に含まれることが勧告された。

NGOブリーフィングで発言する糸数参議院議員

審査全体を受けて

NGOなど市民社会側からは、先住民族に限定すれば、アイヌ民族から3人、琉球民族から3人が参加し、NGOブリーフィングや委員への直接の情報提供を通じ、先住民族の諸問題や権利を訴えた。特に琉球・沖縄からは参議院議員および那覇市議も参加し、日本政府への一層の国際的な圧力に繋がったと考えられる。

委員会の見解は国際規準として認識される。その見解に照らすと、日本社会での先住民族の権利保障は決して十分ではなく、前回と今回の勧告の内容が多く重なっているように、改善はほとんどみられない。さらに、政府は委員の質問や意見に対して同様の回答を繰り返したように、「建設的対話」として審査が上手く機能しているとは言い難かった。

また国際慣習法と捉えうるUNDRIPを部分的に政策に取り込む政府の姿勢も続いている。例えば、アイヌの生徒が多い学校でのアイヌ文化や言語の学習の可能性の言及により、今後の公立の学校でのアイヌ文化や言語の教育が促進されうる一方、これも文化振興の一つと考えられ、この分野のみが進んでも、ブリーフィングでのアイヌ民族の言葉を借りれば、「アイヌがただの文化の象徴」とされることに繋がることは否めない。また琉球・沖縄に関しても、文化的な振興政策における協議のみに限定して政府は言及し、UNDRIP第25条以降の土地の権利などの保障の課題は依然として残っている。つまり、先住民族の権利の国際規準の一つとされるUNDRIPを体系として捉え、政策に反映する重要性も未だ認識されていない。

(ながいふみや)

※ 永井さんは原田伴彦基金の助成をえたIMADR国際人権人材養成プログラムのもと、インターンとしてCERD審査に派遣されました。

先住民族世界会議　参加報告 ——琉球・沖縄から

当真 嗣清（琉球弧の先住民族会代表代行）

世界会議の開会式は9月22日の午前10時から始まり、いろいろな国や地域の先住民族の言葉を使用したパン・ギムン国連事務総長の挨拶が印象的な開会式であった。何名かの演説の後、かねてより合意していた成果文書の採択に移り、決議採択された。昼食は国連内のカフェテリアでとったが、面白いことに食べ物は重さにより値段が決定されていた。汁ものの肉類をたくさん取れば当然値段は上がり、野菜やパンなどは軽いので安くつくという計算になる。

第二分科会
——国や地方レベルにおける先住民族の権利の実施

午後2時から糸数議員が発表をする第二分科会へ。早々と席を確保して開始時間を待った。発表者も言いたいことが沢山あるので時間を守る人は皆無に近く、糸数議員の発表まで来ることはほぼ不可能とあきらめていたらいきなり名前を呼ばれて無事発表をすることが出来た。糸数議員の発表はまず日本政府の先住民族の権利の履行に関しての立場を歓迎することを表明し、しかし琉球民族を先住民族と認めていないことに遺憾の意を示した。国連先住民族権利宣言を引用して、自己決定権の行使の上から、琉球民族が長年、沖縄に集中する米軍基地に苦しめられ、さらに新たな基地の建設に反対するのは先住民族の権利行使に叶っていると主張し、日本政府に琉球/沖縄の先住民族の意見を尊重するよう求めた。

沖縄県系人[1]集会へ参加

会議終了後急いで会場を出ようとするも、沢山の人びとが糸数議員のまわりに集まり、取材、記念撮影の他、コメントを求めるものが多く、人の間をぬうように国連を後にした。そして沖縄県系人が待つ国連前の広場へと急ぎ足で向かい合流した。うす暗くなりかけていたが、ウチナーンチュは気長に私たちが来るのを待っていてくれた。寒くなりつつある中感謝以外の言葉はなかった。三線や太鼓パーランクーそして琉装の女性はカギャディフーを踊り、警備する警察官も近くに集まり、楽しんでいる様子はなんとも平和だ。その場にはマスコミの方々も多数おり、取材も受けた。その場で沖縄タイムスの平安名純代さんと琉球新報の比嘉良治さんにもお会いした。異郷にいても沖縄に思いを馳せ、行く末を心配して行動に移す姿は称賛に値する。私達に感動と感激を与えていただいた沖縄県系人のニューヨーク国連前集会であった。

琉球人ジャーナリストとの出会い

第二日目の午前中は国連の正式な行事や会議は無く、私はかねてより取材を申し込まれていた琉球新報の比嘉さんと国連入口前で会い、近くのカフェテリアでコーヒーを飲みながら取材を受けた。なぜかとても幸せな気持ちになれたのは、きっと人生経験豊富な比嘉さんの人間性と他人に対する優しさによるものであると確信した。写真芸術家であり、地元の大学で教える名誉教授でもあり、そして沖縄地元紙、琉球新報の特派記者の身分も有するという多彩で、人間性豊かな風格を感じるウチナーンチュに出会えた。

（1）沖縄県人の子孫、沖縄県人と結婚した日本人や外国人を含む。

分科会で声明を発表した糸数議員と筆者（右）

第三分科会—先住民族の土地、領域と資源

広々とした会場で琉球の代表団は同じ列に並んでから座ることができた。会議は順調に進むかに見えたが途中から国際機関が割り込み発表があり、さていよいよ私の番というところで無情にも議長は木槌を振りおろし本日の会議はこれまでと閉会宣言で終了した。私の発表予定の発言趣旨を次に記す。「琉球がかつて独立国であったこと、アメリカと修好条約を結んでいたこと、1879年に日本が武力をもって侵略したこと、第2次大戦後日本の敗戦により沖縄はアメリカの占領下におかれ基地の重圧に苦しめられたこと、1972年の日本復帰後も米軍基地は残りむしろ強化拡大されたこと、国連人権委員会・ユネスコ・人種差別撤廃委員会の勧告にも関わらず日本政府はそれを無視して琉球を先住民族として認めない。日本政府には米軍基地の撤去と返還を求め、同時にアメリカにも基地の撤去を強く要求。」琉球弧の先住民族の自己決定権回復を最後に強く訴えた。事務局から私の発表予定原稿を提出するよう依頼され、提出した。声明は国連のウェブサイトに掲載されている。

日本政府との会合

日本政府との会合は猪子さんの発案、糸数議員の強力な後押しで実現した。まずは糸数議員からお礼を申し上げ、琉球民族としての要請を行ない、政府の答えを聞くという形ですすみ、意見の交換をしながら政府の姿勢を質した。外務省の課長が主に私達の質問に答えられた。

当真からは、国連を初め、アジアコーカスなどでは琉球民族を先住民族として認めていること、構造的差別という言葉でウチナーンチュが自身の状況を説明するようになったこと、その裏にあるいわゆる先住民族としての権利の保障をして欲しいことなどを発言した。糸数議員は100部用意したパンフレットが残らなかったことを通して琉球民族への関心の高さを伝えた。また、「沖縄県に居住する人あるいは沖縄県の出身者は日本民族であり、社会通念上、日本民族と異なる生物学的または文化的諸特徴を共有している人びとであるとは考えられていない」とする政府見解を外務省のウェブサイトから削除するよう再度迫ったが、検討するという回答を得たのみにとどまった。

寒い中、国連前広場に集まったニューヨークのウチナーンチュ

世界会議後の沖縄の状況

11月16日、沖縄県知事選挙が挙行された。4名が立候補したが事実上現職仲井眞知事と翁長前那覇市長の争いとなった。普天間基地移設を辺野古移設するか否かが大きくクローズアップされ、結果は辺野古移設反対の翁長さんが大差で勝利した。勝因は従来の保守対革新という構図から、ヤマト対琉球・沖縄、イデオロギーからアイデンティティー、オール沖縄に象徴されるように翁長陣営が琉球・沖縄の人びとの変化にうまく対応したことにある。翁長さんの当選は沖縄の現状に無理解で無関心な日本政府と個々の日本人に疑問を突き付け、沖縄の民意に真剣に向き合えという声でもある。さらに翁長さんは、日本政府、アメリカ政府に直接訴え、国連にも沖縄の声を届けたい、と当選後のインタビューで答えていた。国際社会に訴える手段としての国連活用の発言に歓迎を表したい。

今回の選挙は、今後、琉球・沖縄が自らの問題を解決する糸口を考える時に、従来のやり方を変えて進めなければならないということを改めて示すこととなった。この中で私たち琉球弧の先住民族会に何ができるか一生懸命に模索したい。

(とうま しせい)

世界会議を受けて
日本の先住民族政策の未来を考える

上村 英明（市民外交センター代表、恵泉女学園大学教授）
構成・まとめ[1]：永井 文也（市民外交センター）

世界会議の成果文書

2014年9月22日に先住民族世界会議（WCIP）で採択された成果文書[2]は、それから何か新しいことがはっきりとした形で始まるものではない。それは、30年以上に渡る先住民族権利運動の成果が整理され、その重要なポイントの強化が謳われた文書であって、新しい内容はほとんど盛り込まれていない。ただ、先住民族の団体を国連システムにおける準国家として位置付けようとする新たな試みはあった。これが提起される上で、2013年6月のWCIPに向けた先住民族のグローバル準備会議（通称アルタ会議）を主催した北欧のサーミという先住民族の政治体制が注目に値する。すなわち、サーミはノルウェーにおいては「サーミ議会」と呼ばれる独自の議会を持ち、サーミ語を主に用い、サーミ民族全体に関する問題に対しては、「サーミ評議会」を通して、スウェーデンやノルウェー、フィンランドといった地域の主権国家とほぼ同等な政治主体の地位を確立している。このような先住民族の政治的主体性を鑑み、国連システム内で、先住民族が主権国家と同等のポジションで、政治主体として国連に加盟するという試みがあった[3]。この試みは大幅な国連改革を伴い、またウェストファリア体制と呼ばれる伝統的な主権国家体制に対して極めて難しい議論となるためか、結果的に今回の成果文書では合意に至らず、明文化はされなかった。

この成果文書は全体として、次の2点を評価できる。すなわち、これまでの国連で議論されてきた先住民族権利運動の成果が網羅的に盛り込まれた文書であること、そしてその成果をこれからいかに強化するかの方向性が明示された文書であること、である。

今回の世界会議の特徴は、1990年代の世界会議のように何万人もの先住民族を含む参加者が数週間に渡って議論する国際会議とは異なり、国連の本会議場に入れる人数が限られ、また期間も正式には2日間だけの会議であったことである。参加人数を実質的に増やすためにも、アイヌ民族の阿部ユポさんが日本政府の代表団として参加したように、政府代表団として世界会議に出席することが世界の先住民族に奨励されていた。またこの日本政府代表団には外務省だけではなく、内閣官房アイヌ総合政策室の室長も参加した。これは、行政官が国際的な室場で先住民族に関する議論を直接聞くことで、こうした国際基準の国内適用を考えるきっかけの一つにもなったと考えられる。

琉球民族と日本社会の「読み違い」

個人的に、日本を「想定外」と「読み違い」の国と呼ぶことがあるが、なぜそう呼ぶかを説明してみたい。

普天間基地の撤去、新基地の辺野古移設反対などを公約に掲げる元那覇市長の翁長雄志さんが今回の沖縄県知事選挙に当選した。この選挙結果は、翁長さんが自民党の有力な政治家で、4年前には仲井真弘多知事の選対責任者を務めたことなどから、日本の主要なメディアは、沖縄県内での「保守の分裂」による結果だと表現した。しかし、本報告会で糸数慶子さんも指摘したように、実際には琉球民族の「民意」が表出した結果であることを「読み違」えている。構造的に差別されてきた琉球のアイデンティティと支配側の日本（大和）のアイデンティティの対決であった。琉球史上初めてのことかもしれない。それを踏まえれば、その「民意」として県知事に選出された翁長雄志さんは、単なる地方自治体の長ではなく、琉球国の代表、日本の地方自治システムが米国型であることを考えれば「大統領」に匹敵するといえる。翁長さんにはこれを認識し、日本政府と話し合いに臨むことを期待したい。このような琉球民族の現状を受け、今後はより国際基準へ訴える声が大きくなるダイナミズムが生じつつあるが、先のような日本社会の「読み違い」は、現在も先住民族政策に大きな影響を与えている。

アイヌ民族と日本の「想定外」

日本社会は、国際的な動きや国際基準に十分に関心や注意を払わず、国内基準や尺度を

---

(1) 先住民族世界会議報告会での上村英明さんのお話をまとめた。
(2) 成果文書の和訳は、市民外交センターとIMADRのウェブサイト参照。
(3) 試みの跡が、成果文書のパラ33と40にみてとれる。

資料編 5
琉球・沖縄に関する記事

優先する傾向にあり、日本の近代化の中でもこうした二重基準が用いられてきた。しかし、国境を越えてヒト・モノ・カネ・情報などがダイレクトに移動するいわゆるグローバル化する世界の中では、日本が鎖国をしない、またはできないのであれば、このグローバル世界を規律する国際基準を十分に尊重しなければ、実際の活動はまず行なえない。最近の動向では、このグローバルな潮流において森林伐採の認証基準の改定が国連の人権規準と連動して行われ、この影響がアイヌ民族の権利の実現に影響を及ぼし始めた。国際的な森林認証団体でNGOである森林管理協議会（FSC）は、1993年に設立され、現在ボンに本部がある。伐採の段階から最終商品に至るまで違法伐採による木材が使われていないことを認証基準にする団体で、この規準を2012年に改定した。これにより、1989年のILOの第169号（先住民族）条約および2007年の国連先住民族権利宣言が規準文書として、認証基準に謳われ、とくに先住民族に対し「自由で事前の情報を与えられた上での合意原則（FPIC原則）」を尊重せずに行われた伐採は違法であることが原則化された。

これを日本に適用すると、政府が先住民族だと認めたアイヌ民族の同意なしに北海道で森林伐採を行うことが、FSCの認証基準を満たさず、違法伐採となる可能性がある。この2012年の基準改正の余波は、つい最近になってやっと日本にも及び、例えば日本支部による調査が始まり、この2014年10月末には、FSC認証を企業活動として必要とする日本製紙・王子製紙の担当者が札幌で北海道アイヌ協会と話し合いを始めるようになった。

「北海道開拓」以来、北海道の森林におけるアイヌ民族による木材伐採や利用は長年違法とされてきたが、こうした国際規準の適用によって、今後はアイヌ民族の同意なしの伐採が違法伐採と認識されるようになる。これは、まさに国内法のみに重点を置く「日本」の「想定外」の出来事であり、やっとアイヌ民族にも本来の関係性が実現する。同時に、先住民族の権利に関する国際基準が、国内状況に具体的な力をもつ先駆的な事例でもあるともいえる。

先住民族問題とは

現在、グローバル化の問題が認識される中で、植民地主義と新自由主義の議論は高まりをみせている。特に植民地主義に関しては、決して過去のものではなく、まだ存在していることを見直す必要があるといえよう。先住民族問題というのは、その再認識のきっかけとなるものである。

（うえむらひであき）

先住民族世界会議に参加して　　　永井 文也（東京大学4年生、市民外交センター）

私は、WCIPという記念すべき国際会議に参加する機会を得たことを幸運に思う。しかし、無事に開催されるのか、実は直前まで若干の不安があった。例えば、政府側との合意が上手く成立せず、先住民族側が会議をボイコットする可能性があるという情報もあり、さらに成果文書草稿の更新が予定期日通りに行われないなどの情報からである。当センターの上村代表からは、「いつも結局まとまるから大丈夫」と言われたものの、やはり落ち着かないまま、とりあえず準備を進めていた。結局、最終ドラフトはやはり直前にまとまり、当日を無事に迎えた。

WCIPは2日間のみである。初日に開会式、成果文書の採択、分科会、2日目にサイドイベント、分科会、閉会式、クルージングと、朝から晩まで忙しくも充実した日程を経験した。アイヌ民族は政府代表団として参加していたので、主に琉球民族の参加者とそれぞれに参加したが、この2日間を通じ、世界各

成果文書採択時のスタンディングオベーション

地から来た先住民族たちと話せただけでなく、それぞれのラウンドテーブルでの声明を聞きながら、私が生まれる前から連綿と続く「先住民族権利運動」を、ささやかながら肌で経験できたように思う。特に、成果文書採択時のスタンディングオベーションの景色や雰囲気は、実際にまだ鮮明に覚えている。これを受け、これまで以上に、私のような若い世代の参加の必要性を強く感じている。近代システムや植民地主義の本質を問うこの運動は、現代の私たち若者の将来に直接関わるのにも関わらず、若い活動家は圧倒的に少ないように思う。今後、若者も参加しやすい環境づくりは、一つの課題であると思う。

ちなみに会議とは直接に関係はないが、以前お世話になっていたオジブエ族の先生に影響を受け、私も視聴・応援する「The 1491s」という、ネイティブアメリカンのコメディアンとたまたま会議場で出会い、話す機会を得たという、ミーハーにとってのささやかな幸運もあった。

（ながいふみや）

日本における琉球民族に対する差別

渡名喜守太（琉球弧の先住民族会）

琉球は明治初期に日本に併合されるまで独立国だった。中国の朝貢国として東アジア世界の一角を占めており、アジア諸国や西洋諸国との交易で栄えてきた。他のアジア諸国と対等につきあい、19世紀半ばにはアメリカ、フランス、オランダと条約を結んだ。江戸幕府に対しても使節を派遣していたが、1879年に日本によって武力による脅迫で併合された。

併合後の日本社会において琉球人は差別されてきた。琉球の社会や文化、慣習、風俗、言語は野蛮で後進的とされ、公的に根絶の対象とされた。また、日本政府は琉球人に対して同化政策を行い、日本への同化を強制した。琉球人は日本人に改造され、日本の法律に従わされ、土地、領域、資源、文化、言語、歴史、信仰、価値観や自らの問題を自らで決定する権利（自己決定権）など民族的権利、財産を奪われた。日本人化を強制しながらも日本は琉球人を差別し、日本社会において結婚差別はもとより、戦前期は「琉球・朝鮮お断り」と言われ住居を借りる場合の差別もあり、日本社会において琉球人たちは改姓し身元を隠して生きてきた。

昭和に入り日中戦争が始まると皇民化教育のもと、琉球独自のものは一層排除、根絶の対象とされた。言語の撲滅、改姓、信仰の破壊、風俗の矯正、日本化が強制された。1945年の沖縄戦では、住民の多数居住する沖縄本島で地上戦が行われ、琉球人の約3分の1が命を落とし、かけがえのない民族的文化遺産や自然も失われた。沖縄戦では日本軍は琉球人をスパイ視し、殺害命令を出して殺害したが、いまだに日本政府をはじめ、戦争指導者や日本軍関係者、直接の加害者個人など誰一人処罰されていない。

戦後米軍に占領された琉球では、米軍が住民を居住地区から銃剣とブルドーザーによって強制的に追放し、国際法に違反した軍事基地を建設した。1972年の「日本復帰」後は再び日本の法律に支配されるようになり、日本政府は琉球人を独自の民族として認めず、権利も奪い、日本人が琉球のあらゆる領域に対して権利を持つようになった。土地や資源も奪われ、自らの運命を決める政治的決定も自ら行えない。教育も日本の教育が行われ、独自の言語、歴史、文化、精神世界を公教育の場で行なう権利は実質的に奪われた。

米軍基地は「日本復帰」後もそのまま残り、さらに自衛隊も配備された。過去の歴史、特に沖縄戦における日本軍の琉球人虐殺の記憶をめぐっては日本から憎悪を向けられ、米軍基地問題に関しては、日本の法律によって琉球人の土地が強制的に取り上げられ米軍基地に使用された。1995年に発生した米兵による少女暴行事件以降、日本社会において琉球に対する憎悪が顕在化し、2000年代に入ると沖縄戦に関する歴史認識問題、教科書検定問題や採択問題も起き、これをめぐって琉球に対して日本社会からさらなる憎悪が向けられるようになった。

現在は沖縄戦や琉球併合などの歴史問題、米軍基地問題に加えて自衛隊配備強化問題とそれに付随する形で中国との領土問題も起き、軍事的緊張も高まっている。また、日本からの移住者の増加や企業の進出等によって琉球内部における経済的・社会的格差が起き、琉球人の貧困、社会的下層化など社会的不平等が起きている。

近年、琉球独自の言語、文化、アイデンティティーに対する琉球人自身の認識の高まりから琉球人の自覚が高まり不満や危機感が増大し、日本に対する反発も強まってきた。それに対して日本社会からはより一層の憎悪が向けられるようになった。事有るごとに琉球側からなされる日本に対する異議申し立てや反発に対して日本側からはヘイトスピーチが盛んになされるようになった。公人によるヘイトスピーチは後を絶たず、最近では殺意を含む内容の書き込みがネット上でも見られるようになった。

このようなヘイトスピーチとともに、特に米軍基地問題では日本政府は強硬路線をとり、高江のヘリパッド建設では、日本政府はスラップ訴訟を起こし、オスプレイ配備では、反対して基地を包囲した琉球人を警察が強制排除した。辺野古では海上保安庁職員が抗議行動に対して船やカヌーを転覆させ、市民を海に落とし、暴力的な拘束をするなど迫害とも言うべき弾圧を行っている。

（となきもりた）

資料編 5 琉球・沖縄に関する記事

辺野古新基地建設と琉球・沖縄の自己決定権

小松 泰介（IMADRジュネーブ事務所　国連アドボカシー担当）

今年6月9日から11日にかけ、IMADR-JCの会員である「沖縄建白書を実現し未来を拓く島ぐるみ会議」（以下、島ぐるみ会議）に招待され沖縄を訪問した。島ぐるみ会議は、2013年1月28日にオスプレイ配備撤回、普天間基地閉鎖および県内移設断念を求め沖縄の41市町村すべての首長、議会議長らが署名し安倍総理大臣に要請をした「建白書」を叶えるべく、政党、労働・経済界関係者、研究者や市民がこれまでの垣根を超えて設立したまさにオール沖縄の取り組みである。今回の沖縄訪問では、辺野古の新基地建設予定地をはじめ、高江のヘリパッド、普天間飛行場、嘉手納飛行場の視察から、沖縄戦の記憶を伝えるひめゆり平和祈念資料館と糸数アブラチガマまで案内していただいた。

辺野古のキャンプ・シュワブ前で抗議する人びと

辺野古の大浦湾は絶滅危惧種であるジュゴンの藻場や数々のサンゴ群集といった豊かな生態系を育んでおり、計画中の205ヘクタールという大規模な米軍基地施設が建設されれば深刻な環境破壊は免れない。また、配備予定のオスプレイ24機を含め大量の航空機の配備による事故の可能性や騒音被害をはじめとする住民生活への影響が懸念されている。大浦湾では、まず海上で抗議を行なう市民のみなさんの船に乗せていただき、浮具（フロート）やブイを固定するためなどとして沖縄防衛局が設置した約15〜20トンのコンクリートブロックによるサンゴ礁へのダメージや、基地建設が進められた場合に伴う環境破壊や住民生活への影響について説明をしていただいた。海の上から見た島サンゴはとても大きく、両手を広げても端から端まで手が届かないぐらいに見えた。そこまで育つのにはとても長い年月がかかったことは想像に難くない。ところが、防衛局は無造作に巨大なコンクリートの塊を沈め、このようなサンゴも壊されてしまっているのである。

この時、政府が設定した立ち入り禁止区域の外側を船で周っていたのだが、私たちが境界線のブイに近づいた途端に防衛局の船が猛スピードで駆けつけ、そのまま外側を移動する私たちを追跡しながらブイから離れるよう繰り返していた。結局彼らは最後まで私たちのビデオ撮影をしながら監視をしていた。翌日には辺野古のキャンプ・シュワブのゲート前での抗議活動の様子を視察したが、その時にも政府職員が市民を撮影していた。これまでも海上での市民による抗議に対し、海上保安庁が多数の巡視船やボートを出動させて暴力を振るう事例が報告されている。これには抗議船に故意に衝突したり転覆させたりするほか、抗議活動を行う市民を海中で押さえつける、船上で喉元を押さえつけたり腕をねじりあげたりといった暴力が確認されている。このような当局による監視活動や暴力的な取り締まりは人びとを委縮させ、抗議活動に参加することを躊躇させることは明らかである。

最後に訪れたひめゆり平和祈念資料館と糸数アブラチガマで、沖縄の人びとの基地に反対する闘いの原点を知ることができた。1945年3月から始まった米軍の上陸作戦に伴い、沖縄師範学校女子部・沖縄県立第一高等学校（通称『ひめゆり』）の生徒222人と教師18人は陸軍病院に附属された。彼女たちは過酷な状況の下、負傷兵の看護や水汲み、死体埋葬などに従事していたが、6月18日に突然「解散命令」を受

ける。指導者を失った彼女たちは逃亡中に砲弾やガス弾で命を落としたり、手りゅう弾によって自決した結果、陸軍病院に動員された240人中136人、在地部隊その他91人が亡くなっている。糸数アブラチガマは全長270メートルの自然洞窟で、沖縄戦の終盤では陸軍病院の分室として使用された場所である。ガマの中は真っ暗で肌寒く、とても湿気が多かった。沖縄戦の時はそこに約600人の負傷兵が運び込まれたが、病院が撤退すると死体と一緒に負傷兵も取り残されたそうだ。米軍による本土までの進攻を一日でも遅らせるために日本軍は防御・持久作戦をとり、そのために県民の根こそぎ動員を行なった。これによって住民の4人に1人にあたる12万人以上の沖縄住民が命を落とした。この凄惨な悲劇を経験した沖縄の人びとが身を持って知ったのは「軍隊が集中しているところが攻撃をされ、軍は市民を守ってはくれない」という教訓である。辺野古新基地建設反対の根本にはこの沖縄戦の悲しい教訓があるのである。

昨年、国連人種差別撤廃委員会による日本審査が行われたが、委員会は日本政府が琉球の人びとを先住民族として認め、彼（女）らの権利を保護する措置を取るよう勧告をしている。また、琉球の権利の促進と保護に関連する問題について、琉球の代表者との協議をより行なうよう勧告している。この協議では、「自由意思による、事前の、十分な情報に基づく同意（Free, Prior and Informed Consent（FPIC））」と呼ばれる国際基準である。これは、先住民族コミュニティの暮らしに影響するプロジェクトなどを実施する前段階で、国や関係者は十分な透明性を持って情報を共有した上でコミュニティの合意を得なければならないということである。この勧告は協議のみに限るものでなく、琉球・沖縄の人びとの先住民族性を認識するよう求めていることから2007年9月に国連総会で採択された「先住民族の権利に関する国際連合宣言」で謳われる多岐にわたる権利が適応されることを意味している。この宣言には、「自らの政治的地位を自由に決定し、ならびにその経済的、社会的および文化的発展を自由に追求する」ための自己決定権（第3条）や、先住民族に影響を与える可能性のある立法的または行政的措置を講じる際には、国家は事前に情報を提供して先住民族の代表者と協議して合意を得なければならないことが定められている（第19条）。さらに、先住民族の土地や領域において、環境有害物質の貯蔵や廃棄（第29条）、軍事活動（第30条）を事前合意なしで行ってはならないことも規定されている。列挙した条文はすべて沖縄の状況にも当てはまり、いかに日本政府がそのすべてを侵害しているのかが一目瞭然である。

しかし、日本政府は琉球・沖縄の人びとを先住民族とは認めず、沖縄県出身者および居住者は日本国民として憲法の下にすべての権利が平等に保障されていると委員会に対して回答している。しかし、現実では日本国土面積の0.6％しかない沖縄に在日米軍専用施設全体の74％を集中させることで住民に不平等な負担を押し付けている上に、抗議活動に対しても過剰な抑圧行為が行われている。このような状況を懸念し、IMADRは6月の人権理事会29会期で沖縄に関する口頭声明を発表した。声明の内容は、県民の大多数が環境権をはじめとする人権侵害の可能性からも新米軍基地建設に反対しているにもかかわらず日本政府が計画を中止しないことを指摘し、環境・人権活動家、平和活動家やデモ参加者に対する警察と海上保安庁による暴力について懸念を表明した。また、2014年に国連人種差別撤廃委員会から、琉球・沖縄の人びとを先住民族と認め、権利保護と促進のための代表との対話の強化を促すよう勧告されたことを引用し、先住民族の権利宣言に則って琉球・沖縄の自己決定権を尊重し、平和的にデモをする人びとへの暴力を止めるよう日本政府に求めた。今後もIMADRは島ぐるみ会議と協力して国連での提言活動を展開していく。それにはみなさんからの応援の声が一番の力になる。

（こまつたいすけ）

沖縄視察を報じる
6月10日の沖縄タイムズの記事

もっと知りたい方のために

著者の著作、推薦書など

- 琉球新報社・新垣 毅『沖縄の自己決定権―その歴史的根拠と近未来の展望』(高文研、2015年)
- 上村英明『新・先住民族の「近代史」―植民地主義と新自由主義の起源を問う』(法律文化社、2015年)
- 上村英明監修『グローバル時代の先住民族―「失住民族の10年」とは何だったのか』(法律文化社、2004年)
- 琉球・沖縄の自己決定権を樹立する会編『うちなーの夜明けと展望』(琉球新報社、2015年)
- 櫻澤誠『沖縄現代史―米国統治、本土復帰から「オール沖縄」まで』(中公新書、2015年)
- 島袋純『「沖縄振興体制」を問う』(法律文化社、2014年)
- 島袋純・阿部浩己『沖縄が問う日本の安全保障』(岩波書店、2015年)
- 蟻塚亮二『沖縄戦と心の傷―トラウマ診療の現場から』(大月書店、2014年)
- 高橋哲哉『沖縄の米軍基地 「県外移設」を考える』(集英社新書、2015年)
- 野村浩也『無意識の植民地主義 日本人の米軍基地と沖縄人』(御茶の水書房、2005年)
- 知念ウシ『シランフーナー(知らんふり)の暴力 知念ウシ政治発言集』(未来社、2013年)
- 三上智恵監督『標的の村~国に訴えられた沖縄・高江の住民たち~』(2012年)
- 三上智恵監督『戦場ぬ止み(いくさばぬとぅどぅみ)』(2015年)
- ジャン・ユンカーマン監督『沖縄うりずんの雨』(2015年)
- FIRBO(本土に沖縄の米軍基地を引き取る福岡の会)ホームページ https://firbo.themedia.jp/

あとがきにかえて

　日本と沖縄、本土と琉球。なんでこんなに遠いのか、話が通じないのか。そのことにも気づいていないのか。
　それぞれに知っていることが違う。基本的な「当たり前」が違う。
　その一部を会話にするとすれば、
　「沖縄はもともと日本の一部だから」
　「いや、琉球王国は独立国で日本に併合されたんだし」
　「沖縄の人だって日本人だから」
　「いや、ウチナーンチュだし、国連では先住民族では、とまでいわれているし」
　「基地は沖縄にしかおけないから」
　「いや、もともと9割は本土にあったんだし」
　沖縄では、みんな知っていて当たり前のことが本土では知られていないか、知っていても素通りしていることが多い。そのゆえんは、「はじめに」にある通りだ。
　そこで本書では、本土に住む人びとにとって「今」の「常識」の枠をこえるのに、「今につながる歴史をひもとくこと」、「世界の潮流に触れること」を試みている。そして、今、沖縄の人びとによって紡ぎ出されている歴史的な「オール沖縄」の声を聴き、それを世界に日本に一人ひとりに届けようと格闘する沖縄の若者の声を聴く。その上で最後に、日本と沖縄が本当に公正な社会を創っていくための、一つの具体的な本土からの応答が試みられている。
　本書を編む過程で、スタッフの間で何度も何度も著者の原稿と向き合い、いかに自分たちが何も知らないかを痛感し、一時副題は、「私たちは何を知っているのか」になった。そしてそれ以上に、著者は、自分たちの意識や運動の中にあった「常識」の枠までをも外してくれたことから、本

書のタイトルとなった。

　なお、資料編には、国連が琉球・沖縄に関して言及している資料を掲載した他、紙幅の都合上本書に含めることが出来なかった視点を、琉球・沖縄に関するIMADR通信記事として掲載している。

　最後に、5人の著者、上村英明さん、当真嗣清さん、島袋純さん、徳森りまさん、高橋哲哉さんに心からの御礼を申し上げたい。多忙極まる皆さんに、なかば強引に短期間での執筆を受けていただき、無理を押して執筆頂いた。いい内容にしようと完成まで伴走してくださったことに、改めて感謝の意を表したい。コロンビアの地から、たくさんの写真を送ってくださった徳森さんをはじめ、写真を提供くださった方にも感謝したい。

　本書が、日本と沖縄の新たな関係を考え、希望ある未来を創っていく一つのきっかけになることを願ってやまない。

　　　　　　　　　　　　　　　　　　　反差別国際運動（IMADR）
　　　　　　　　　　　　　　　　　　　　事務局長　原　由利子

IMADR ブックレット　16
日本と沖縄
常識をこえて公正な社会を創るために

2016 年 4 月 2 日　初版第 1 刷発行

編集・発行　　　　　**反差別国際運動（IMADR）**
　　　　　　　　　〒 104-0042　東京都中央区入船 1-7-1
　　　　　　　　　松本治一郎記念会館 6 階
　　　　　　　　　Tel：03-6280-3101/Fax：03-6280-3102
　　　　　　　　　E-mail：imadr@imadr.org
　　　　　　　　　Website：http://imadr.net

発売元　　　　　　**株式会社解放出版社**
　　　　　　　　　〒 552-0001　大阪市港区波除 4-1-37
　　　　　　　　　HRC ビル 3F
　　　　　　　　　Tel：06-6581-8542/Fax：06-6581-8552
　　　　　　　　　Website：http://www.kaihou-s.com
　　　　　　　　　東京営業所
　　　　　　　　　〒 101-0051　東京都千代田区神田神保町 2-23
　　　　　　　　　アセンド神保町 3 階
　　　　　　　　　Tel：03-5213-4771/Fax：03-3230-1600

印刷・製本　　　　モリモト印刷株式会社

ISBN978-4-7592-6771-6
定価は表紙に表示しています　落丁・乱丁はお取り替えいたします

＊2016 年 4 月 1 日より、反差別国際運動（IMADR）と反差別国際運動日本委員会（IMADR-JC）は組織統合し、反差別国際運動（IMADR）になります。
　それにともない、「IMADR-JC ブックレット」シリーズを「IMADR ブックレット」に名称変更いたします。引き続き、ご愛顧のほどよろしくお願いいたします。

反差別国際運動（IMADR）◇出版物一覧

◆『現代世界と人権』シリーズ◆
（A5判／定価1,800～2,000円＋税／在庫があるもののみ表示／文頭番号はシリーズ番号）

5　人種差別と不均等発展
6大陸各地域の人種差別の実態を伝え、その原因であり結果でもある「不均等な発展」との関係を、それぞれの具体的な問題から分析。　　　　　　　　　　　　　（1993年）

7　国際社会における共生と寛容を求めて
マイノリティ研究の第一人者パトリック・ソーンベリーさんの国連「マイノリティ権利宣言」採択後にまとめたレポートを翻訳紹介。あわせて「宗教に基づく不寛容と差別を考える集会」の概要も紹介。　　　　　　　　　　　　　　　　　　　　　（1995年）

13　世紀の変わり目における差別と人種主義
2001年の「反人種主義・差別撤廃世界会議」に向けて、世界の差別の実態を明らかにし、グローバリゼーションがマイノリティの人権におよぼす影響とそれに対する闘いについてさぐる。　　　　　　　　　　　　　　　　　　　　　　　　　　　　　（1999年）

15　国連から見た日本の人種差別
──人種差別撤廃委員会審査第1・2回日本政府報告書審査の全記録とNGOの取り組み
2001年3月にジュネーブで行なわれた人種差別撤廃条約の日本政府報告書初審査の全審議録、政府追加回答文書、人種差別撤廃委員会最終所見、同解説を全収録。審査に向けた政府報告書、NGOレポート、審査事前事後のNGOの取り組みを含め、実践に必須の情報満載、充実の一書。　　　　　　　　　　　　　　（2001年／定価2,600円＋税）

17　マイノリティ女性の視点を政策に！社会に！
──女性差別撤廃委員会日本報告書審査を通して
欠落していたマイノリティ女性の視点と政策は、女性差別撤廃委員会日本報告書審査を通して、重要課題となった。審査を活用したマイノリティ女性の取り組み・主張、マイノリティ女性に対する複合差別が国際舞台でどう扱われてきたかなど重要資料20点所収。　　　　　　　　　　　　　　　　　　　　　　　　　（2003年／定価2,200円＋税）

18　人権侵害救済法・国内人権機関の設置をもとめて
「人権侵害救済法」（仮称）法案要綱・試案および同補強案の背景にある視点や取り組みの経緯、地方自治体の取り組みや国際的な情勢などを紹介。関連文書や国内外の動向を含む資料も豊富に掲載。　　　　　　　　　　　　　　　　　　　　　　　　（2004年）

19　グローバル化の中の人身売買──その撤廃に向けて
「人身売買の被害者の人権」という視点から、問題解決につながる道筋をつけるべく編集された1冊。人身売買を生み出す原因や、日本における実態、現在の法的、行政的制度・計画の問題点、人身売買撤廃と被害者の救済・保護についての論考や豊富な資料を掲載。　　　　　　　　　　　　　　　　　　　　　　　　　　　　　　（2005年）

20 「周縁化」「不可視化」を乗り越えて
――人種主義・人種差別等に関する国連特別報告者の日本公式訪問報告書を受けて

国連の人種主義・人種差別等に関する国連特別報告者の日本公式訪問報告書を受け、日本における人種差別を社会的・歴史的背景をふまえて再考することを試みた一冊。人種差別に関する世界的情勢に加え、国内の当事者による主張や国連機関による分析・評価などを収録。 (2006年)

21 立ち上がりつながるマイノリティ女性
――アイヌ女性・部落女性・在日朝鮮人女性によるアンケート調査報告と提言

3者が自分たちが抱える問題解決にむけて、教育・仕事・社会福祉・健康・暴力の分野で共通設問を設定し、はじめての調査を実施。その報告と提言のほか、女性たちの声も収録。 (2007年／定価2,200円＋税)

22 国連と日本の人権――NGOから見た普遍的定期審査

国連人権理事会に新設された「普遍的定期審査」(UPR) 制度のもとで、日本の人権状況が初めて審査された。NGOの視点からこの制度を分析し、審査の流れを追い、その過程へのNGOの効果的なかかわりのあり方を探る。 (2009年)

23 先住民族アイヌの権利確立に向けて

日本政府は2008年、アイヌ民族を日本の先住民族と認め、アイヌ政策に関する有識者懇談会を設置、翌年7月に報告書が提出された。権利回復運動の現場から寄せられた論考に加え、国連宣言、国連人権文書におけるアイヌ民族に関する記述の抜粋、重要な関連法、上記懇談会の報告書全文を収録。(2009年)

24 今、問われる日本の人種差別撤廃――国連審査とNGOの取り組み

2010年2月、人種差別撤廃委員会が行なった日本報告書の審査の全容を収録。とくに委員会の質問と日本政府代表の答弁からなる6時間の審議録は、国際人権基準について国連と日本政府の見解の相違を浮き彫りにしている。 (2010年／定価2,300円＋税)

25 レイシズムヘイト・スピーチと闘う
――2014年人種差別撤廃委員会の日本審査とNGOの取り組み

2014年人種差別撤廃委員会による日本審査の記録本。審査会場でのNGOの取り組み、2日間に及ぶ委員会と日本政府のやりとり、審査に関わった人種差別撤廃NGOネットワークのメンバーによる勧告の読み解きと提言などが満載。さらに、元CERD委員のソーンベリー教授による特別寄稿が続きます。国連は日本のレイシズムをどう見ているのか、必見の一冊。 (2015年／定価2,000円＋税)

◆『IMADR-JC ブックレット』シリーズ◆

(A5判／定価1,000円＋税／在庫があるもののみ表示／文頭番号はシリーズ番号)

1 **人種差別撤廃条約と反差別の闘い**
人種差別撤廃条約の制定の背景、内容、意義について、また日本の現状にとっての意義を部落、在日韓国・朝鮮人、アイヌ民族、移住労働者の立場から説明した内容。
(1995年)

5 **アメリカの人権のまちづくり──地域住民のチャレンジ**
地域レベルにおけるマイノリティをはじめとした人びとに対する人権擁護政策を推進させるため、米国のNGO／NPOと行政ならびに企業がどのようなパートナーシップを形成し、「人権のまちづくり」を推進しているか、その取り組みを紹介。
(2000年)

9 **マイノリティの権利とは**
──日本における多文化共生社会の実現にむけて
日本におけるマイノリティの声や、マイノリティとマジョリティが共に生きる日本社会を考える人権活動家・研究者による座談会録などを掲載。資料編では国連のマイノリティ権利宣言やその逐条解説などを収録。
(2004年)

10 **「国際テロ・国際組織犯罪」対策とマイノリティの「不安全」**
──日本・韓国・フィリピンの経験から
「テロとの戦い」「国際犯罪組織の撲滅」のかけ声のもと、治安強化と監視の波が世界規模で広がっている。そのようななか、マジョリティ市民の安全を守る名目で、マイノリティが平和的に安全に生活する権利が脅かされている。この構造を克服し、マイノリティとマジョリティ市民が連帯して共通の安全を求めていくために何をすべきか。本書はその答えを探ろうとすべく刊行する、日本・韓国・フィリピン3カ国の国際比較研究である。
(2006年)

12 **講座人身売買──さまざまな実態と解決への道筋**
人身売買を生み出す構造と現実に迫るべく、最前線で活躍する講師陣による連続講座をまとめた一書。国際斡旋結婚、外国人研修制度、看護士・介護福祉士受け入れの現実にも切り込み、日本社会とのつながり、問題解決にむけての道筋をさぐる。キーワード解説や講師お勧め書籍収録。
(2007年／定価1,200円＋税)

13 **スリランカの内戦と人権**
二十数年続く民族紛争がマイノリティの人権に重大な影響を及ぼしてきたスリランカ。その現実を知り、屈指の援助国・日本の政府と市民の役割を考えるための書。現地からの書き下ろし原稿や最新の資料も収録、図表や写真も多数。
(2008年)

14 **平和は人権──普遍的実現を目指して**
「平和への権利」とは何か？国際市民社会で「平和への権利」についての議論に関わってきた4人の研究者と、人権、差別の諸問題に取り組む活動家による論考は、「平和へ

の権利」について、そして平和に生きる権利の実現を妨げるものは何かについて考える糸口を提示する。　　　　　　　　　　　　　　　　　　　（2011 年／定価 1,200 円＋税）

15　企業と人権　インド・日本　平等な機会のために
　　経済成長と民営化により民間部門が急速に拡大したインドにおけるダリットの経済的権利の確立と包摂に向けた課題と、民間部門における積極的差別是正政策の可能性について、ダリットの活動家と研究者が考察を行なう。　　　　（2012 年／定価 1,200 円＋税）

◆『IMADR ブックレット』シリーズに改名◆

16　日本と沖縄　常識をこえて公正な社会を創るために
　　　　　　　　　　　　　　　　　　　　　　　　　　　　　　　　　　　　（2016 年）

◆その他の出版物◆

ナチス体制下におけるスィンティとロマの大量虐殺
──アウシュヴィッツ国立博物館常設展示カタログ・日本語版）
　　第 2 次世界大戦下におけるナチス・ドイツによる「ホロコースト」は、ユダヤ人だけではなく、スィンティやロマと呼ばれている人びとも、アウシュヴィッツをはじめとした強制収容所で 50 万人以上が虐殺された。ポーランドのアウシュヴィッツ国立博物館常設展示されている「ナチス体制下におけるスィンティとロマの大虐殺」の展示物日本語版カタログとして刊行した書。　　　　　　　　　　（2010 年／定価 4,000 円＋税）

■お問合せ■反差別国際運動（IMADR）
〒 104-0042 東京都中央区入船 1-7-1 松本治一郎記念会館 6 階
　　◆会員割引有◆ TEL：03-6280-3101　　FAX：03-6280-3102　　E-mail：imadr@imadr.org
■お申し込み■同上、または（株）解放出版社 TEL：06-6581-8542FAX：06-6581-8552
　　　　　　　　　　　　　東京営業所 TEL：03-5213-4771FAX：03-3230-1600

差別と人種主義をなくす
反差別国際運動（IMADR）

反差別国際運動（IMADR）は、差別と人種主義をなくし、誰もが等しく尊重される社会の実現をめざしています。

そのために IMADR は

1. 歴史的に差別や抑圧を受けてきたマイノリティのエンパワメントに寄与します
2. マイノリティに共通した課題に取り組むことで、マイノリティのつなぎ役として連帯を促進します。
3. マイノリティの声を世に広く伝え、共感する人びとの声を結集し、国や国連に効果的に働きかけます。

IMADR の活動テーマ

- ■部落差別・カースト差別の撤廃
- ■人身売買・搾取的移住の撤廃
- ■先住民族の権利確立
- ■マイノリティの権利確立
- ■司法制度における人種差別の撤廃
- ■国際的な人権保障制度の発展とマイノリティによる活用の促進

IMADR とは

反差別国際運動（IMADR）は、部落解放同盟の呼びかけにより、国内外の被差別団体や個人、国連の専門家などによって、1988年に設立された国際人権NGOです。1993年には、日本に基盤を持つ人権NGOとして初めて国連との協議資格を取得しました。スイスのジュネーブにも事務所を設置し、マイノリティの声を国連に届け、提言活動に力を入れています。被差別部落の人びと、アイヌ民族、琉球／沖縄の人びと、在日コリアン、移住者等に対する差別、それらの集団に属するマイノリティ女性に対する複合差別などの問題に取り組んでいます。

賛助会員になってください

反差別国際運動（IMADR）の活動は、多くの団体・個人の皆さまからの賛助会費と寄付によって支えられています。活動を持続的に発展させていくために、会員になって支援をしてくださいますようお願いいたします。会員種別と年会費は以下の通りです。また、ウェブサイトからクレジットカードでの寄付ができるようになりました。

会員の種別	年会費
個人賛助会員A	¥10,000
個人賛助会員B	¥ 5,000
団体賛助会員	¥30,000

※会費年度は毎年4月から翌3月です。

賛助会員には、1年間に① IMADR の機関紙を4回、② IMADR 発行書籍を1冊、③総会議案書、をお送りいたします（個人賛助会員Bの方には書籍は送られません）。また、IMADR 書籍の購入や IMADR 主催のイベントへの参加において優待割引を提供しています。

IMADR では、さまざまな活動づくりに関わるボランティアを募集しています。
メルマガの発行・ソーシャルメディア（ツイッター・フェイスブック）によって IMADR の活動を知る事ができます。詳しくは IMADR のウェブサイト http://imadr.net をご覧下さい。

IMADR
反差別国際運動（IMADR）
The International Movement Against All Forms of Discrimination and Racism
〒104-0042 東京都中央区入船1-7-1 松本治一郎記念会館6階
Tel: 03-6280-3101　Fax: 03-6280-3102　Email: imadr@imadr.org